GÜTERSLOHER
VERLAGSHAUS

Gütersloher Verlagshaus. Dem Leben vertrauen

Barbara Heller

Hingehen, wo andere weglaufen

Andachten für den Alltag
in diakonischen Einrichtungen

Gütersloher Verlagshaus

Bibliografische Information der Deutschen Nationalbibliothek
Die Deutsche Nationalbibliothek verzeichnet diese Publikation
in der Deutschen Nationalbibliografie; detaillierte bibliografische Daten sind
im Internet über http://dnb.d-nb.de abrufbar.

FSC
Mix
Produktgruppe aus vorbildlich
bewirtschafteten Wäldern und
Recyclingholz oder - fasern

Zert.-Nr. SGS-COC-004278
www.fsc.org
© 1996 Forest Stewardship Council

Verlagsgruppe Random House
FSC-DEU-0100
Das für dieses Buch verwendete
FSC-zertifizierte Papier *Munken Premium*
liefert Arctic Paper Munkedals AB, Schweden.

1. Auflage
Copyright © 2008 by Gütersloher Verlagshaus, Gütersloh,
in der Verlagsgruppe Random House GmbH, München

Satz und Reproduktionen: Katja Rediske, Landesbergen
Druck und Einband: Těšínská tiskárna, a.s., Český Těšín
Printed in Czech Republic
ISBN 978-3-579-06533-5

www.gtvh.de

Inhaltsverzeichnis

Vorwort

Evangelische Pflege und evangelische Altenhilfe haben eine lange Tradition. Das beginnt schon mit den in der Reformationszeit gegründeten Hospitälern.

In Kaiserswerth wurde im 19. Jahrhundert der Beruf der Krankenschwester geschaffen. Entsprechend prägten die Diakonissen das Bild der Schwestern in Krankenhäusern und Pflegeheimen und in den Gemeinden.

Heute jedoch werden die fachliche und ökonomische Kompetenz diakonischer Träger von Pflegeeinrichtungen einerseits und das evangelische Profil der Pflege andererseits nicht mehr selbstverständlich angenommen oder anerkannt.

Dieses Buch ist der Versuch, die Situation der evangelischen Altenpflege zu beschreiben und zu reflektieren. Zwei Perspektiven werden eingenommen: Es geht sowohl um die spezifischen Erwartungen und Anforderungen an *evangelische* Altenpflege als auch um die gesellschaftliche Sicht auf sehr alte Menschen und ihre Pflege.

Ein weiterer Schwerpunkt sind geistliche Texte zur evangelischen Altenpflege. Sie stammen aus der praktischen Arbeit: Auslegungen zum Charakter der Diakonie, Zuspruch für Altenpflegerinnen und Altenpfleger, biblisch-theologische Gedanken und Anmerkungen zum Pflegealltag, Reflexionen zur ethischen Relevanz von Expertenstandards der Pflege.

Illustriert und ergänzt werden die Texte durch Bilder und Selbstzeugnisse von Mitarbeiterinnen und Mitarbeitern aus Einrichtungen der Evangelischen Altenhilfe. Sie waren eingeladen, zu erzählen, was ihnen in ihrer Arbeit wichtig ist.

Zum Gebrauch:
Die hier gesammelten Texte für Andacht und Besinnung im Altenpflegealltag sind so gestaltet und dimensioniert, dass sie sich für eben diesen Altenpflegealltag eignen.

Kurze Angebote im Umfang von 15 bis 20 Minuten lassen sich dort integrieren, z. B. in der Mittagszeit zwischen Früh- und Spätschicht. So können die einen ihren Arbeitstag mit der Besinnung beginnen, die anderen den ihren beenden. Wir haben damit gute Erfahrungen gemacht.

Einzelne Texte zu speziellen Pflegethemen, besonders die biblisch-ethischen Reflexionen der Expertenstandards, eignen sich dafür, in der vorliegenden Form oder in Auszügen im Rahmen thematischer Dienstbesprechungen oder Teamsitzungen verwendet zu werden.

Das Einführungs- und das Schlusskapitel sollen der Ermutigung dienen, die Situation der Altenpflege zu reflektieren, sich von falschen Erwartungen und Projektionen zu befreien und dann nüchtern und beherzt die eigene Theorie und Praxis weiter zu entwickeln.

Evangelische Pflege und evangelische Altenhilfe haben ein großes Potenzial, das es zu nutzen, zu erhalten und zu fördern gilt.

Dazu will dieses Buch beitragen.

Zur Sprachregelung in diesem Buch:
In der Diakonie und Altenpflege arbeiten Frauen und Männer. Eine durchgängig exklusive Sprache hindert oftmals den Lesefluss. Daher wurde darauf verzichtet und die Leserinnen und Leser werden gebeten, das jeweils andere Geschlecht mitzudenken.

Einführung: Über den Nutzen eines diakonischen Profils für die Altenpflege

Wozu nutzt ein diakonisches Profil? Taugt es als Alleinstellungsmerkmal und Wettbewerbsvorteil? Oder dient es Dauervorwurf unzufriedener Kunden und Mitarbeiterinnen sozusagen als Beichtspiegel, der zeigt, wo eine diakonische Einrichtung einem Anspruch nicht gerecht wird?

Zunächst zwei Szenen:
Der Leiter eines diakonischen Altenhilfezentrums besucht ein Seminar zum Thema Marketing. Angeregt kommt er zurück und ist entschlossen, das diakonische Profil seiner Einrichtung im Sinne eines Alleinstellungsmerkmals herauszustellen, um im Wettbewerb mit anderen Anbietern einen Vorteil zu erringen. »Unser Angebot muss von einer theologischen Sinnmitte aus gestaltet werden. Die Motivation unserer Mitarbeiterinnen ist eine christliche und als solche auch für Kunden erkennbar.« Das sind die Stichworte, die er aufgenommen hat und nun für sein Marketingkonzept nutzbar machen will.

Zwei Mitarbeiterinnen in einer diakonischen Einrichtung unterhalten sich. »Wir haben einfach nicht genug Zeit für die Bewohnerinnen. Sonst könnte man viel mehr machen, auch als Einzelbetreuung. Die Tochter von Frau M. hat sich schon beschwert, weil sie findet, dass wir uns zu wenig um ihre Mutter kümmern. Von der Kirche hätte sie etwas anderes erwartet, sagt sie. Aber wie stellt die sich das vor? Bei unserer knappen Besetzung!« »Ja wirklich. Und uns geht es dabei auch nicht gerade gut: Immer mehr Belastung, dazu die ganze Dokumentation und dann auch noch Lohnverzicht! Wenn die Privaten Dumpinglöhne zahlen, ist das eine Sache, aber von der Kirche hätte ich anderes gedacht. Von wegen »Menschlichkeit pflegen …«

Diese Beispiele machen es deutlich: Wenn es um die Suche nach dem diakonischen Profil geht, gehen alle Gruppen von einem Defizit aus. Diakonische Unternehmen sehen sich mit der kirchlichen Forderung konfrontiert, sich stärker und deutlicher christlich zu profilieren. Unterstellt wird, sie hätten längst um wirtschaftlicher Interessen willen christliche Maximen hinter sich gelassen. Biblisch gesprochen: Sie würden dem Mammon statt Gott dienen. So zuletzt im achten Leuchtfeuer des Impulspapiers »Kirche der Freiheit«.

Alle (hier: der Marketingfachmann, die Kundinnen und Mitarbeiterinnen sowie die Kirchenvertreter) erwarten ein bestimmtes Verhalten, das sie als Ausweis eines diakonischen Profils akzeptieren würden. Das, was erwartet wird, ist ganz unterschiedlich: Der Marketingexperte erwartet den überzeugenden diakonischen »Zusatznutzen« evangelischer Altenpflege. Die Kunden erwarten die unbedingte und unbegrenzte Zuwendung zu Pflegebedürftigen, und die Mitarbeiterinnen erwarten eine gute Bezahlung. Die Kirche erwartet das deutliche evangelische Bekenntnis, das missionarisch ausstrahlt.

Allen ist gemeinsam, dass sie ihr Eigeninteresse als Kriterium nutzen, um daran den diakonischen Anspruch zu messen. Wo sie ihr Interesse nicht berücksichtigt finden, stellen sie das gesamte diakonische Profil infrage. Das ist verständlich.

Gleichzeitig zeigt sich, dass es kaum gelingen kann, ein eigenes diakonisches Bewusstsein zu entwickeln, das allen Anforderungen von außen gerecht wird. Ein solcher Versuch würde enden wie der Wettlauf von Hase und Igel – denn auch hier sind die Igel in der Überzahl.

Was kann dann ein diakonisches Profil für diakonische Einrichtungen leisten, wie der eigenen Orientierung und der Stärkung dienen? Die These lautet:

Ein diakonisches Profil ist im theologischen Sinn kein Gesetz, das entlarvt und überführt. Ein diakonisches Profil kann im Sinne evangelischer Zusagen dabei helfen, aus Überforderungen realistische Anforderungen zu machen. Aus niedergeschlagenen und eingeschüchterten »Sündern« werden handlungsfähige »gerechtfertigte Sünder«.

Im Folgenden soll diese These in drei Abschnitten entfaltet werden:

1. Die Überforderungen der Altenpflege
2. Evangelische Zusagen für die Altenpflege
3. Realistische Anforderungen an die Altenpflege.

1. Die Überforderungen der Altenpflege

Die Anforderungen an die Altenpflege sind im Sozialgesetzbuch XI, im Heimgesetz, in Rahmenverträgen zwischen Ländern und Leistungserbringern und in den Anforderungen des Medizinischen Dienstes der Kassen festgelegt.

Dort werden Grundsätze der Professionalität, der Fachlichkeit und der Wirtschaftlichkeit formuliert. Dazu kommen Dokumente wie die Charta der Rechte von Pflegebedürftigen, die vom Runden Tisch Pflege im Auftrag des Bundesministeriums für Gesundheit erarbeitet wurde. Darin geht es sozusagen um die Interpretation der Grundrechte für Pflegebedürftige. Es finden sich neben den bekannten Rechten auf körperliche Unversehrtheit und auf Freizügigkeit so bemerkenswerte Formulierungen wie das Recht auf Wertschätzung und Zuwendung.

Alle diese Anforderungen, bis hin zu den Aussagen der Charta, sind richtig und legitim.

Keiner wird ihnen widersprechen wollen oder können, auch nicht von Seiten der Leistungserbringer, an die die Anforderungen in den meisten Fällen gerichtet sind.

Gleichzeitig können für sich genommen richtige und legitime Anforderungen in einem bestimmten politischen und gesellschaftlichen Kontext zu einseitigen Überforderungen werden.

Was heißt das im Blick auf die genannten Stichworte?

1.1 Professionalität

Von Einrichtungen stationärer Altenpflege wird Professionalität erwartet. Vom Wortsinn her bezieht sich der Begriff auf die Profession, auf einen bestimmten Beruf also. Und es gibt den passenden dreijährigen Ausbildungsberuf der examinierten Altenpflegerin. Vorgeschrieben ist bis jetzt in Pflegeeinrichtungen eine fünfzigprozentige Fachkraftquote. Was bedeutet Professionalität, wenn von vornherein geregelt ist, dass 50% der Mitarbeitenden ungelernt bzw. angelernt sind? Möglicherweise fünfzigprozentige Professionalität?

Ein anderer Aspekt bezieht sich auf den Bereich, der stark von Emotionen und menschlicher Nähe geprägt ist. Wenn es darum geht, fällt es oft schwer, zu realistischen Erwartungen und Bewertungen zu kommen. Was macht es Angehörigen schwer, realistische Ansprüche an professionelle Pflege zu stellen?

Wenn eine Familie sich entschließt, die Unterstützung einer stationären Pflegeeinrichtung in Anspruch zu nehmen, wird dieser Entschluss von sehr ambivalenten Gefühlen begleitet: Schuldgefühle, dem Angehörigen die persönliche Versorgung zu versagen. Angst vor dem Urteil anderer. Ärger über die hohen Kosten. Angst vor dem Anstieg dieser Kosten. Scham gegenüber den Pflegepersonen, die den Angehörigen so nah kommen und in familiäre Interna eingeweiht werden, die sie als Fremde nichts angehen. Wenn man sich trotzdem zu diesem Entschluss durchgerungen hat, soll auch alles perfekt sein. Die Angehörigen sollten optimal versorgt sein, medizinisch, therapeutisch, im Blick auf Unterbringung und Verpflegung, Betreuung, geistige Anregung und Förderung. Vor dem Hintergrund einer solch optimalen Versorgung, die schließlich sehr teuer ist, sollte man bei den Betroffenen auf Wohlbefinden und Zufriedenheit hoffen können, wenn doch Profis am Werk sind.

Was ist das aber für eine Erwartung, dass ein Mensch, der unter körperlichen Beeinträchtigungen und Schmerzen leidet, über Verluste trauert und möglicherweise gegen seinen Wunsch die eigene Wohnung verlassen und aufgeben musste, glücklich und zufrieden ist, weil alle sich so viel Mühe geben und das Ganze so viel kostet?

Zwei Erwartungen an professionelle Pflege werden deutlich: Erstens der Wunsch nach perfekter Versorgung und zweitens als Reaktion darauf Glück und Zufriedenheit auf Seiten der Versorgten. Diese Erwartungen sind menschlich verständlich, aber nicht realistisch. Auch unrealistische Erwartungen üben jedoch einen realen Druck aus.

Die beschriebenen Erwartungen an professionelle Pflege stellen eine Überforderung dar, wenn weder die wirtschaftlich bedingten personellen Rahmenbedingungen noch das verständliche Wunschdenken von Angehörigen als solches benannt werden. Es ist gerade nicht professionell, sich als »stark« in dem Sinn erweisen zu wollen, dass man Anforderungen akzeptiert, die nicht erfüllbar sind.

1.2 Fachlichkeit

Ein Gros der heutigen Pflegekräfte wird zu einer Fachlichkeit verpflichtet, die sie nicht vermittelt bekamen. Die dreijährige Altenpflegeausbildung mit vorausgesetztem Realschulabschluss gibt es bei uns erst seit 1998, also noch keine 10 Jahre. Wer davor eine ein- oder zweijährige Ausbildung absolviert hat, verfügt über ein sehr viel schwächeres fachliches Fundament. Nach ihrem eigenen Berufsverständnis wollen Altenpflegerinnen »direkt« pflegen, d. h. bewohnernah, und nicht einen Pflegeprozess systematisch planen, umsetzen, dokumentieren und evaluieren. Dies aber verlangt die Fachlichkeit.

In der Praxis wird ständig nachgeschult, mit noch nicht ausreichenden Erfolgen, da es, wie gesagt, nicht nur um Vermittlung von Wissen, sondern um eine Erweiterung des Berufsverständnisses geht.

Die Pflegewissenschaft im heutigen Sinn ist eine relativ junge Wissenschaft, die sich allerdings in den letzten Jahren rasant entwickelt hat. Noch immer klafft eine empfindliche Lücke zwischen dem, was hier fachlich erarbeitet und vorgelegt und dann in der Praxis umgesetzt wird. Der derzeitige Mangel an Fachlichkeit wird vom Medizinischen Dienst der Spitzenverbände der Krankenkassen (MDS) festgehalten. In seinem Bericht aus dem Jahr 2003 wird festgestellt, dass über 60 % der überprüften Einrichtungen der ambulanten und stationären Pflege Mängel in Verständnis und Umsetzung des Pflegeprozesses aufweisen.

Es handelt sich dabei immerhin um das Kernstück fachlicher und professioneller Pflege.

Der Bericht, der 2007 veröffentlicht wurde, zeigt hier zwar Verbesserungen auf. Der Befund ist jedoch nicht zufrieden stellend.

Es muss an dieser Stelle erwähnt werden, dass es natürlich hoch qualifizierte Fachkräfte gibt, z. B. für die Bereiche Gerontopsychiatrie oder Wundmanagement oder auch brillante Heim- und Diätköche, die spezielle Drinks zur Dekubitusprophylaxe kreieren oder passierte Kost in einer Form servieren, die an die Nouvelle Cuisine erinnert. Ihnen gelingt es, auch Menschen mit sehr eingeschränktem Kau- und Schluckvermögen eine hohe Lebensqualität beim Essen und Trinken zu erhalten. Hier kann höchste Fachlichkeit in Pflege und Hauswirtschaft angetroffen werden.

Manchmal gehen fachliche Weiterentwicklungen und eine fast brutale Anpassung an defizitäre Rahmenbedingungen auch eine unheilige Allianz ein.

Seit mehreren Jahren wird vom Kuratorium für Deutsche Altershilfe und anderen Fachleuten die Versorgung von pflegebedürftigen Menschen mit Demenz in Hausgemeinschaften favorisiert. Es geht um kleine, überschaubare Gruppen von acht bis zwölf Personen, die durchgehend betreut und durch den Alltag begleitet werden. Das Modell hat viel für sich. Und bietet außerdem den Reiz, dass für die Alltagsbegleitung so genannte Präsenzkräfte vorgesehen sind. Dabei handelt es sich nicht um examinierte Altenpflegerinnen, sondern um Frauen und Männer, die sowohl hauswirtschaftlich als auch pflegerisch versiert sein sollen. Sie haben die Aufgabe, mit und für 12 schwer beeinträchtigte, pflegebedürftige Personen den Haushalt und die Essenszubereitung zu organisieren und eine angemessene Betreuung zu leisten. Unter Personalkostengesichtspunkten ist dies eine sehr günstige Lösung. Fachkräfte werden in einem funktionalen Sinn lediglich für behandlungspflegerische Tätigkeiten punktuell eingesetzt.

Eine Versorgung und Betreuung in hausgemeinschaftsähnlichen Wohngruppen ist für den genannten Personenkreis sicher angemessen, wohltuend und förderlich. Praktisch wird heute damit jedoch unausgesprochen die Erwartung verbunden, eine möglichst kostengünstige Lösung realisieren zu können. Das ist fachlich unredlich. Und wenn ein angemessener Einsatz von Fachkräften dazukommen soll, wird sich sofort die Frage der Finanzierbarkeit dieser Betreuung in kleinen Gruppen stellen.

Es ist eine Überforderung gegenüber Pflegeeinrichtungen und Pflegekräften, wenn von ihnen höchste Fachlichkeit verlangt wird und wiederum die wirtschaftlichen und personellen Rahmenbedingungen nicht benannt und berücksichtigt werden. Die Spitzenverbände der Kassen, die gleichzeitig Kosten herunterregulieren und höchste fachliche Ansprüche formulieren, fungieren hier als Antreiber, die sich von jeder Bringschuld freisprechen. Der Versuch, in dieser Situation fachlich »perfekt« sein zu wollen, kann nur scheitern.

1.3 Wirtschaftlichkeit

Schon in den letzten Abschnitten ist angeklungen, welch dominante Rolle die Frage der Finanzierung und Finanzierbarkeit von Pflege spielt. Pflege soll bezahlbar sein. Aus Sicht der Kostenträger, Pflegekassen, Selbstzahler und Sozialhilfeträger soll Pflege möglichst kostengünstig sein. Das ist verständlich.

Doch während im Blick auf Konsumgüter ganz klar Marken- und Preiskäufer unterschieden werden, je nach der Prioritätensetzung der Kunden, wird im Blick auf den Pflegemarkt versucht, den Anbietern eine definierte »Markenqualität« quasi zum Discountpreis abzuzwingen. Das kann nicht funktionieren. Und es ist wichtig, dies offen zu benennen. Denn es ist kein Versagen oder Verschulden einzelner Leistungserbringer, wenn sie an dieser Aufgabe scheitern.

Verhandelt wird derzeit nicht über eine eigentlich notwendige Neudefinition des Pflegebedürftigkeitsbegriffs, stattdessen findet ein massiver Verdrängungswettbewerb statt, der über die Preispolitik ausgetragen wird. Die Frage ist nicht: Wer braucht wie viel Pflege?
Sondern: Wie viel darf Pflege kosten?
Der Dreh- und Angelpunkt in diesem Wettbewerb sind die Personalkosten. Während die diakonischen Träger über Defizite klagen, halten private Investoren den Pflegesektor inzwischen für lukrativ. Warum? Ist das diakonische Management einfach doch nicht gut genug? Dieser Verdacht wird immer wieder laut. Die Antwort ist deprimierend einfach. Es ist die Bindung an die AVR, die sich als Existenz gefährdend erweist. In der privatwirtschaftlichen Altenpflege werden besonders die ungelern-

ten und angelernten Mitarbeiterinnen in Pflege und Hauswirtschaft nach Tarifen bezahlt, die auch in der Gastronomie üblich sind und zum Teil über 30 % unter denen der Diakonie liegen. Auf diese Weise lassen sich Leistungen zu günstigeren Preisen anbieten und für die Investoren bleibt dennoch eine attraktive Rendite. Pflege darf nicht zu teuer sein – das ist gesellschaftlicher Konsens.

In Wirtschaftsausschüssen sitzen sich Dienstgeber und Dienstnehmer hilflos gegenüber und beraten über Einsparpotenziale und Sanierungspläne. Doch bei allen Managementfehlern, die möglicherweise gemacht wurden, ist das Hauptproblem ein gesellschaftliches und ein strukturelles.

Die Gesellschaft hat Angst vor zu hohen Pflegekosten und fordert deshalb Regulierung im Sinne von Kostendämmung. Die Kostenträger setzen Pflegesätze, die die tariflich vereinbarten Lohnkosten nicht mehr decken. Daran können die beiden Parteien am Tisch nichts ändern. Darauf haben sie keinen Einfluss. In dieser Dilemmasituation ist die Frage der Wirtschaftlichkeit eine Überforderung.

Es ist falsch zu denken, durch Effizienzsteigerung (z. B. Beschleunigung) und vermehrte Anstrengungen seien diese Probleme von diakonischen Trägern zu lösen.

1.4 Nächstenliebe

Von Mitarbeiterinnen in der diakonischen Altenpflege wird ein von Nächstenliebe geprägtes Verhalten gegenüber den Pflegebedürftigen erwartet. Übrigens wird dies im Grunde auch von Mitarbeiterinnen anderer Pflegeeinrichtungen erwartet. Denn was meint es anderes, wenn die Charta einen wertschätzenden, zugewandten Umgang fordert. Gerade in der Diakonie wird man den Anspruch, dem Gebot der Nächstenliebe zu folgen, sicher nicht zurückweisen. Es kommt in diesem Zusammenhang jedoch zu unglücklichen Vermischungen und Verwechslungen, die auch dieses Gebot zur Überforderung werden lassen.

Ein Grundproblem ist dabei sicher, dass Nächstenliebe und eine käufliche Dienstleistung im Widerspruch zueinander zu stehen scheinen. Nächstenliebe soll aus dem Herzen kommen, ganz von selbst und natürlich umsonst – und nicht gegen Geld über eine Ladentheke gehen. Das bedeutet aber in letzter Konsequenz, dass der Pflegeberuf als Erwerbstätigkeit in Misskredit gerät und eigentlich nur als selbstlose Liebestätigkeit akzeptiert wird wie bei der Heiligen Elisabeth oder Mutter Teresa.

Jeder Hinweis auf Kosten, die entstehen, oder auf Leistungen, die nicht »im Preis inbegriffen sind«, wirken dort, wo Nächstenliebe erwartet oder auch versprochen wird, fehl am Platz. Für Mitarbeiterinnen entsteht der Eindruck, sie seien schlechte Christinnen, wenn sie eine Bitte oder Forderung zurückweisen.

Die Betonung der Kundenorientierung im Rahmen des Qualitätsmanagements kann diesen Eindruck noch verstärken: Zum »Wenn dich einer bittet, so gib« kommt noch »der Kunde ist König«. Entsprechende Vorwürfe unzufriedener Kunden wechseln denn auch zwischen »Das kann man bei dem Preis ja wohl verlangen. Was ist denn das für ein Service?« und »Das hätte ich bei der Kirche aber nicht erwartet. Was heißt denn hier Menschlichkeit pflegen?«

Emotional aufgeladen ist die Situation auch, da es sich bei den Pflegebedürftigen ja oft um die nächsten Angehörigen handelt, denen man selbst in Liebe verbunden ist und für die man sich liebevolle Zuwendung wünscht. Eigene Schuldgefühle verstärken den Druck auf die Pflegekräfte, den Angehörigen nichts zu versagen, was sie für ihr Wohlbefinden brauchen. Wenn die Angehörigen selbst fürchten und abwehren, als unbarmherzig und lieblos zu gelten, weil sie Mutter oder Vater ins Pflegeheim geben, projizieren sie dies auch auf die Pflegekräfte und bekämpfen sie dafür.

Wenn Pflegekräfte die Forderung nach Nächstenliebe in dieser Weise annehmen, als eine Mischung aus familiärer Liebe und Intimität und selbstloser Liebe von verklärten Heiligen, gerät diese zur heillosen Überforderung.

Die selbst gestellte Aufgabe, es allen recht zu machen, ist unerfüllbar – und hat mit dem christlichen Gebot der Nächstenliebe nicht allzu viel zu tun.

1.5 Schlussfolgerung

Wohin führen die Überforderungen? Einrichtungen und Mitarbeiterinnen stehen unter großem Druck und nehmen die (Über-) Forderungen an. Sie versuchen, stark und perfekt zu sein, sich anzustrengen und sich zu beeilen und es allen recht zu machen. Das Ziel ist, nicht als unprofessionell, nicht ausreichend fachlich, nicht als ineffizient und ungefällig oder lieblos beurteilt zu werden.

Wenn dies, was wahrscheinlich ist, nicht ausreichend gelingt, fühlen sich die Mitarbeiterinnen unzulänglich, niedergeschlagen, vielleicht sogar schuldig oder beschämt. Das kann schnell geschehen, durch Beschwerden von Angehörigen, entdeckte Mängel bei Pflegevisiten oder im Kontext von Qualitätsaudits oder MDK[1]-Überprüfungen. Möglicherweise reagieren die Betroffenen auch aggressiv, um sich zu entlasten und den Tadel weiterzugeben. Diese Entlastung funktioniert jedoch höchstens vorübergehend. Wahrscheinlicher ist es, dass die an den Überforderungen Gescheiterten sich zunehmend ohnmächtig und verzweifelt fühlen.

So lässt sich die Atmosphäre beschreiben, die sich unter Mitarbeitenden in der Pflege immer wieder ausbreitet. Es liegt darin eine Gefahr für diese Mitarbeiterinnen wie auch für die Einrichtungen insgesamt. Es sind strukturelle Probleme, die zu individuellen Überforderungen führen, und die Diakonie steht in der Verantwortung, Mitarbeitende zu schützen und zu unterstützen, – letztlich auch zum Wohl der Pflegebedürftigen wie der Einrichtungen.

2. Evangelische Zusagen für die Altenhilfe

Vor fast 500 Jahren hat Martin Luther 40 Thesen über den Menschen verfasst.

»Der Mensch ist Gottes Geschöpf, aus Fleisch und lebendiger Seele bestehend, von Anbeginn zum Bilde Gottes gemacht ohne Sünde, mit der Bestim-

---

1   Medizinischer Dienst der Krankenversicherung

mung, Nachkommenschaft zu zeugen und über die Dinge zu herrschen und niemals zu sterben;

Das aber nach Adams Fall der Macht des Teufels unterworfen ist, nämlich der Sünde und dem Tode – beides Übel, die durch seine Kräfte nicht zu überwinden und ewig sind;

Und das nur durch den Sohn Gottes Christus Jesus zu befreien ist und mit der Ewigkeit des Lebens zu beschenken.« (Martin Luther)[2]

Das klingt in heutigen Ohren sehr fremd. Wie lässt sich das Wesentliche zusammenfassen? Bei allen großartigen Fähigkeiten, die der Mensch zweifellos besitzt und die ihn große Leistungen vollbringen lassen, sagt Luther: Der Mensch ist fehlbar und sterblich. Die menschlichen Fähigkeiten haben Grenzen. Menschen machen Fehler und können schuldig werden. Und trotz aller grandiosen Leistungen, die sich inzwischen auch in einer ständig steigenden Lebenserwartung ausdrücken, ist dem Menschen mit dem Tod eine endgültige Grenze gesetzt. Daran wird auch eine perfekte Pflegeplanung und ein perfekter Pflegeprozess nichts ändern.

Und Luther sagt sehr bestimmt: Diese beiden Übel, die Sünde und der Tod, sind durch eigene Kräfte nicht zu überwinden. Auch nicht durch gutes Fehlermanagement oder durch den kontinuierlichen Verbesserungsprozess. Erst und nur durch Christus kann der Mensch befreit werden von Sünde und Tod. Das ist nichts, was Menschen selbst in der Hand hätten.

Vielleicht erscheinen diese Aussagen zu düster und zu negativ als Kernaussagen über den Menschen. In der Situation, in der Mitarbeitende auf allen Ebenen diakonischer Einrichtungen sich heute befinden, kann genau darin die befreiende Botschaft liegen. Der Überforderungskreislauf kann durch evangelische Zusagen unterbrochen werden.

»Sei stark«, auch wenn Professionalität unter den gegebenen Bedingungen nicht immer möglich ist, heißt die Überforderung.

---

2   Martin Luther, Disputation über den Menschen, in: Ausgewählte Schriften, hg. von K. Bornkamm u. G. Ebeling, Band 2, Frankfurt am Main 1982, S. 295f., Nr. 21–23.

»Du hast Grenzen, die du auch benennen darfst« heißt die evangelische Zusage.

»Sei perfekt in der fachlichen Pflege«, auch wenn der eigene Kenntnisstand oder die fachliche Souveränität nicht immer ausreicht, heißt die Überforderung.
»Du bist fehlbar und du kannst dazulernen« heißt die evangelische **Zusage.**

»Beeil dich und streng dich an«, auch wenn die Ressourcen offensichtlich nicht ausreichen, heißt die Überforderung.
»Mach es allen recht« heißt die Überforderung.
»Du bist nicht Gott. Du kannst Gutes tun im Rahmen deiner Möglichkeiten, so dass auch du dich wohl fühlst« heißt die evangelische **Zusage.**

Diese Zusagen erlauben es den Mitarbeiterinnen in der Diakonie, aus dem Überforderungskreislauf auszusteigen.

Auch für die Pflegebedürftigen sind evangelische Zusagen wünschenswert. Auch ihnen dürfte es guttun, wenn das christliche Menschenbild wirklich für sie gelten darf.
Sie müssen nicht perfekt sein, einsichtsfähig in allen Fragen der Gesundheitsförderung. **Sie dürfen unvernünftig sein.**
Sie müssen sich nicht dauernd anstrengen und zur Aktivierung bereit sein, weil es das Pflegemodell von ihnen erwartet. **Sie dürfen ausruhen und passiv sein.**
Sie müssen nicht stark sein und sich zusammenreißen, als ob ihnen körperliche und auch seelische Beschwerden nichts ausmachten. **Sie dürfen Schmerzen und Unwohlsein zeigen und klagen.**
Sie müssen es den Pflegenden und ihren Angehörigen nicht recht machen, indem sie sich glücklich und zufrieden zeigen, obwohl sie unglücklich sind. **Sie dürfen niedergeschlagen oder zornig sein und weinen oder schimpfen.**
Und schließlich: **Sie dürfen sterben.**

Vielleicht ist das das Alleinstellungsmerkmal, das diakonische Einrichtungen anderen gegenüber haben:

Wir glauben und wissen, dass Menschen begrenzt, fehlbar und sterblich sind und sich davon nicht aus eigener Kraft befreien können. Das gilt für Pflegende wie für Pflegebedürftige.

3. Realistische Anforderungen an diakonische Altenpflege

Es gehört zur Professionalität, die Überforderungen, unter denen die Einrichtungen und ihre Mitarbeitenden heute stehen, zu benennen und sich über realistische und erfüllbare Forderungen zu verständigen.

Das gilt zunächst für das Gespräch zwischen Einrichtung, Bewohnerinnen und Angehörigen:

Was wird zu welchem Preis geboten und kann auch geleistet werden? Was müssen und können Angehörige auch weiter für die Pflegebedürftigen übernehmen? Wie werden bestimmte Risiken der Pflegebedürftigen eingeschätzt? Was kann die Einrichtung in diesem Zusammenhang leisten? Wie wollen Betroffene, Angehörige und Pflegekräfte mit dem Risiko umgehen? Dabei kann es um eine Gefährdung durch Weglauftendenz gehen oder um das Gesundheitsrisiko bei Über- oder Untergewicht? Das muss miteinander verhandelt werden, damit beide Seiten wissen, womit sie rechnen können.

Das ist es auch, was ich darunter verstehe, Pflegebedürftige und Angehörige in die Planung der Pflegeziele mit einzubeziehen. Was wird gewünscht? Was ist realistisch?

Zur Professionalität und zur Fachlichkeit gehört Personalentwicklung. Nötig ist eine genaue Kenntnis vom Stand der Fähigkeiten und Fertigkeiten examinierter wie nicht examinierter Mitarbeiterinnen, um sie entsprechend anzuleiten und weiterzuentwickeln. Ist wirklich allen Beteiligten klar, mit wem sie es zu tun haben? Passen die Medien und Methoden zu denen, für die sie bestimmt sind? Der eifrige Umgang mit Fremdworten und umfangreichen Texten lassen mich zuweilen daran zweifeln (Risikopotenzialanalyse; PDCA-Zyklus, Obstipationsprophylaxe).

Hier nehmen wie so oft die Pflegedienstleitungen eine Schlüsselstellung ein.

Doch auch für sie gilt: Sie können realistisch nur das ausführen und weitergeben, was sie selbst gelernt haben. Wir erwarten permanent, dass sie anleiten, vermitteln, informieren und neue Verfahren implementieren. Sind sie entsprechend didaktisch und methodisch geschult oder liegt auch in dieser Erwartung eine Überforderung?

Manchmal kann der Eindruck entstehen, dass aufgrund des äußeren Drucks kaum noch offen gefragt werden kann:»Verstehst du auch, was du da liest?« – und zwar auf allen Ebenen der Einrichtungen.

Im Blick auf die Fachlichkeit gilt, dass die Ausbildung weiterentwickelt werden muss. Pflegekräfte müssen nicht perfekt sein, aber bereit zum Lernen. Außerdem sollten gerade angesichts der fünfzigprozentigen Fachkraftquote Fähigkeiten und Fertigkeiten der Anleitung, Vermittlung, der Koordination und der Organisation vermittelt werden.

Die Frage der Wirtschaftlichkeit muss auf unterschiedlichen Ebenen bearbeitet werden.

Innerkirchlich und innerdiakonisch muss in den nächsten Jahren darum gerungen werden, ob die Zugehörigkeit diakonischer Einrichtungen, in diesem Fall einer ganzen Branche, tatsächlich an der Treue zu einem bestimmten Tarif festgemacht wird. Es kann doch eigentlich nicht sein, dass Besitzstandswahrung der casus stantis et cadentis diakonischer Arbeit sein soll, d.h. die Frage, an der sich die Zugehörigkeit zur Diakonie entscheidet.

Mit den Mitteln, die zur Verfügung stehen, muss, ganz im neutestamentlichen Sinn, klug gewirtschaftet werden. Dass eigentlich mehr Mittel zur Verfügung stehen müssten, das muss in einem anderen Kontext verhandelt werden. Zum einen auf der politischen Ebene, wenn es z.B. um eine Reform der Pflegeversicherung geht. Zum anderen in der Öffentlichkeit, im gesellschaftlichen Diskurs. Hier mangelt es bisher an der Bereitschaft, für Pflege und Betreuung ausreichende Mittel aufzuwenden. Von den Pflegenden wird Zuwendung, Einsatzbereitschaft und sogar Aufopferungsbereitschaft erwartet, deutliche Lohnforderungen bleiben ungehört und oft sogar unausgesprochen. Da ist etwas faul. Schon der Prophet Jeremia warnt:»Weh dem, … der seinen Nächsten umsonst arbeiten lässt und gibt ihm seinen Lohn nicht.« Heute ist das so aktuell wie damals.

Die Situation ist paradox. Um die Existenz der Einrichtungen zu sichern, müssen Mitarbeitende mit notwendigen Lohnabsenkungen konfrontiert werden. Auf der anderen Seite muss gesellschaftlich gefordert werden: Das Lohnniveau in der Altenpflege darf nicht weiter absinken, wenn es zukünftig eine Pflege geben soll, die man auch verantworten kann.

In dieser Spannung muss man sich täglich damit auseinandersetzen, was mit begrenzten Mitteln möglich ist. Die Spannung auflösen können diakonische Träger allein nicht.

Schon zur Zeit Jesu ging es darum, wie weit das Gebot der Nächstenliebe gehen sollte.»Wer ist denn mein Nächster?«, wird Jesus gefragt (Lk 10,29). Und er antwortet mit dem Gleichnis vom barmherzigen Samariter. Der, der einem Notleidenden hilft, ihn nicht in seinem Blut liegen lässt, sondern ihn versorgt, der ist der Nächste. Das ist eine ganz klare Antwort. Nächstenliebe ist Barmherzigkeit üben. Und das hat gar nicht so viel zu tun mit Gefühl, wie wir bei dem Stichwort Liebe immer assoziieren.

Liebe im jüdisch-christlichen Verständnis meint Liebe üben, eine Tätigkeit. Das hat auch nichts damit zu tun, jemand müsse jeder Bitte, jeder Forderung, die an ihn gestellt wird, nachkommen.

Ulrich Bach meint, man müsse eine Theologie der Diakonie aus der Goldenen Regel heraus entwickeln.»Was ihr wollt, dass euch die Leute tun sollen, das tut ihnen auch.« (Mt 7,12) Die Goldene Regel kann zumindest als sehr verständliche und nachvollziehbare Richtschnur gelten, gerade im pflegerischen Handeln. Das lässt sich durchdeklinieren von der Inkontinenzversorgung über die Gestaltung der Mahlzeiten bis zur Sturzprophylaxe und der Frage freiheitsentziehender Maßnahmen.»Was ihr wollt, dass euch die Leute tun sollen, das tut ihnen auch.« Es könnte eine gute und nützliche Übung sein, diese Fragestellung einmal durch die ganze Pflegeplanung zu überdenken.

Sich an der Goldenen Regel orientieren und Barmherzigkeit üben, d.h. Leid mindern – das wäre schon der diakonische Beitrag zur Pflegekonzeption. Und wenn die Pflegenden dann noch barmherzig mit *sich* wären und den Nächsten liebten *und* sich selbst, wäre dies die konsequente praxis pietatis, eine Praxis christlicher Frömmigkeit.

Möglich ist das. Jesus selbst gesteht den fehlbaren Menschen, die doch böse sind, zu, dass sie gute Gaben geben können.

Menschlichkeit pflegen heißt: Das tun, was wir tun können. Auch wenn wir dabei Fehler machen oder etwas schuldig bleiben. Luther nannte das »tapfer sündigen«. Das ist allemal besser als angesichts der Überforderungen aufzugeben oder zu verzweifeln.

Dazu nutzt ein diakonisches Profil.

Andachten

Diakonie verstehen

Mit einem Fehler fing sie an – die Diakonie (Apostelgeschichte 6,1–7)

Es gab in der ersten christlichen Gemeinde die Absprache, dass mittellose Witwen von der Gemeinde versorgt wurden. Und eines Tages kam es zu lauten Beschwerden.

In der Bibel heißt es: Es erhob sich ein Murren (Apg 6,1). Denn eine ganze Gruppe, wahrscheinlich ein Stadtteil, war bei der täglichen Versorgung mit Lebensmitteln vergessen worden, womöglich über einen längeren Zeitraum.

Man braucht sich nur vorzustellen, was das in einem Pflegeheim bedeuten würde: Ein ganzer Wohnbereich wird bei der Essensausgabe vergessen. Kein Wunder, dass es Beschwerden hagelt!

In der Gemeinde wird eine Versammlung einberufen. Sie berät darüber, was sie tun kann, um ein solches Versäumnis für die Zukunft auszuschließen. Es wird beschlossen, dass sieben Männer, die als zuverlässig gelten, damit beauftragt werden, für die Essensausgabe zu sorgen. Diese Männer werden Diakone genannt.

In gewisser Weise wird hier also die Geburtsstunde der Diakonie beschrieben, – auch wenn schon davor, auch schon in den jüdischen Gemeinden, zum Glauben die tätige Nächstenliebe gehörte. Diese Geschichte von der Einsetzung der ersten Diakone kann uns ermutigen.

Uns sind Fehler sehr unangenehm, und wenn dann noch jemand sagt: »Das hätte ich von Ihnen nicht erwartet, ausgerechnet in einem Haus der Diakonie. Wie kann da so etwas passieren? Ich bin sehr enttäuscht«. Dann fühlt man sich beschämt und weiß kaum, was man antworten soll. Doch wo immer Menschen zusammen leben und zusammen arbeiten, wird es auch Fehler geben. Die Geschichte zeigt, dass auch die ersten Christen nicht perfekt waren.

Was sie auch zeigt, ist, dass die Christen in der ersten Gemeinde sich füreinander verantwortlich fühlten. Deshalb hatte man ja eine Versorgung der Mittellosen und Schwachen organisiert.

Und auch das gilt für die Diakonie heute. Auch wer schwach und alt und krank ist, hat ein Recht auf eine gute Versorgung, auf Zuwendung und Aufmerksamkeit. Nicht nur die, die sich laut zu Wort melden und ihre Wünsche äußern, auch die, die still und elend darauf angewiesen sind, dass jemand an sie denkt und sie nicht vergisst.

Und schließlich erinnert sogar die Vorgehensweise von damals an das, was heute das Qualitätsmanagement leistet. Beschwerden werden ernst genommen, wie damals. Und die Verantwortlichen machen sich gemeinsam Gedanken und suchen nach Verbesserungsmöglichkeiten, um den gemachten Fehler für die Zukunft auszuschließen.

In diesem speziellen Fall ging es wohl sogar um eine Schnittstellenklärung, – was uns sehr vertraut ist. Wer ist hier eigentlich zuständig? Wie ist diese Aufgabe am sinnvollsten zu regeln? Damals war das eine Absprache zwischen den Predigern und den Diakonen – heute geht es oft um Absprachen zwischen Pflege und Hauswirtschaft.

Diese Form der Klärung ist ein gutes Beispiel dafür, wie viel besser es ist, Dinge zur Vermeidung zukünftiger Fehler klar zu regeln, als einen endlosen Streit über die Suche nach Schuldigen zu führen.

Die biblische Geschichte führt zu einem guten Ende. Die Apostel beteten für die neu ernannten Diakone und segneten sie für ihre Arbeit. Und es heißt: »Das Wort Gottes breitete sich aus, und die Zahl der Jünger wurde sehr groß in Jerusalem.« Die Jerusalemer waren offensichtlich von dem überzeugt, was gepredigt wurde und von dem, was sie sahen und erlebten: Eine Gemeinschaft, die aus Fehlern lernte, die sich für die ihr Angehörenden verantwortlich fühlte und zuverlässig für sie sorgte.

So hat die Arbeit der Diakone angefangen und genauso können wir sie weiterführen.

Lydia Horn

Altenpflegerin, seit 1996 bei der
Evangelischen Altenhilfe Gesundbrunnen

»Ich bin stolz, Ihnen zu dienen.«

Jedes Mal, wenn es mir gelingt, dass eine unserer
verwirrten Bewohnerinnen mir vertraut, sich
beruhigen lässt und wieder ein Stück Orientierung
findet, bin ich glücklich.

Boden unter den Füßen hat keiner
(Galater 6,2)

Die Diakonie will »stark sein für andere«. So steht es auf Plakaten. Und wir können uns Bilder dazu vorstellen, wie ein starker Mensch einem schwachen hilft, ein junger einem alten, ein gesunder einem kranken, ein nicht behinderter einem behinderten. So soll es sein, dass die, denen es gut geht, nicht nur an sich denken, sondern auch an die, denen es nicht gut geht.

Wie sollte es auch anders gehen? Hat nicht schon Jesus gefragt: »Kann auch ein Blinder einem Blinden den Weg weisen? Werden sie nicht alle beide in die Grube fallen?« (Lk 6,39) Der, der helfen will, muss selber stark sein, gesund, am besten auch noch jung und ohne Behinderungen und Einschränkungen.

Stimmt das wirklich?
Vor Jahren erschien ein Buch mit dem Titel »Hilflose Helfer« (Wolfgang Schmidbauer 1997). Das Buch handelte von Menschen, die helfen wollten und einen entsprechenden Beruf gewählt hatten. Und genau sie scheiterten an dem Anspruch, immer stark und gesund und fast unverwundbar zu sein. Der eigene Wunsch und Anspruch stellte sich als Überforderung heraus und sogar als Falle. Wer glaubt, immer stark sein zu müssen und alles allein zu schaffen, für sich und auch noch für andere, der ist am Ende wirklich hilflos. Weil er sich nicht helfen lassen kann.

»Boden unter den Füßen hat keiner«, hat der Philosoph Franz Rosenzweig vor fast neunzig Jahren an seine kleine Schwester geschrieben. Er erklärt ihr, dass kein Mensch sich selber helfen kann. Das gibt es nur im Märchen, dass einer sich am eigenen Schopf aus dem Sumpf zieht. Im wirklichen Leben stecken alle einmal im Sumpf und brauchen dann einen, der sie herauszieht oder wenigstens vor dem Versinken bewahrt. Im wirklichen Leben gibt es nicht die, die immer stark und die, die immer schwach sind. Es gibt nur Halten und gehalten werden.

Auch davon spricht Jesus. Dass das zusammengehört: barmherzig sein und Barmherzigkeit erfahren, vergeben und Vergebung erlangen, geben und Gaben empfangen.

So verstanden ist Diakonie stark, weil sie gestärkt wird. Und die sind gute Helfer, denen selbst geholfen wird. Das ist eine große Erleichterung und Befreiung. Zum einen für die Helfer, von denen eben nicht erwartet wird, dass sie immer stark sind und selber nichts brauchen. Zum anderen aber auch für die, die die Hilfe empfangen. Denn sie sind nicht die, die nur schwach sind oder krank oder eingeschränkt.

Sie sind genau wie die, die ihnen helfen. Sie waren stark und sind es oft noch immer, Tag für Tag, indem sie ihr Leben bestehen. Und sie sind schwach und brauchen Unterstützung. Da gibt es kein Oben und Unten. Keinen festen Boden, auf dem die einen stehen und den Sumpf, in dem die anderen stecken.

Es gibt ein Miteinander. Und es kann Vertrauen geben. Ich kann darauf vertrauen, dass mich jemand hält. Wie ich meine Hand ausstrecke und einen anderen halte.

»Einer trage des anderen Last, so werdet ihr das Gesetz Christi erfüllen« (Gal 6,2), schreibt Paulus. Das ist eine Sache auf Gegenseitigkeit.

So wie es Franz Rosenzweig seiner Schwester erklärt hat:

»Kein Mensch kann sich selber helfen. Die Welt ist zwar voller Leute, die sich das einreden, aber es gelingt ihnen allen so wenig, wie es Münchhausen gelang, sich an seinem eigenen Schopfe aus dem Sumpfe zu ziehen. Jeder kann immer nur den andern, der ihm gerade zunächst im Sumpfe steckt, beim Schopfe fassen. Dies ist der Nächste, von dem die Bibel redet. Und das Wunderbare dabei ist nur, dass jeder selber im Sumpf steckt und trotzdem kann er den Nächsten herausziehen oder vielmehr vor dem Versinken bewahren. Boden unter den Füßen hat keiner, jeder wird nur gehalten von andern nächsten Händen, die ihn beim Schopf packen, und so hält einer den andern und oft, ja meist ganz natürlich beide sich gegenseitig. Diese ganze mechanisch unmögliche gegenseitige Halterei ist dann freilich erst möglich dadurch, dass die große Hand von oben alle diese haltenden Menschenhände selber bei den Handgelenken hält. Von ihr her und nicht von irgend-

einem gar nicht vorhandenen Boden unter den Füßen kommt allen diesen Menschen die Kraft, zu halten und zu helfen. Es gibt kein Stehen, nur ein Getragenwerden.« (Franz Rosenzweig 11.3.1920)[3]

Liebe deinen Nächsten – er ist wie du!

Das Diakonische Werk führt Imagekampagnen durch. Es wirbt damit, dass Diakonie Mauern abbaut und Ausgrenzung überwindet. Sie bietet soziale Dienste an, wenn z. B.»das Alter Mauern baut«.

Was sind unsere Werte? Was setzen wir uns zum Ziel? Was versprechen wir? Womit werben wir?

Marketing ist wichtig und erfordert ein solides handwerkliches Vorgehen und einiges an Mühe und Aufwand. Ein Fachgebiet für sich. Die Bibel ist demgegenüber genial einfach. Und das muss sie auch sein. Sie ist nicht für Fachleute, sondern für alle, die sich am Willen Gottes orientieren wollen. Das ist eine Chance für uns. Uns wird etwas angeboten, was verständlich ist und jedem zugänglich.

Was sind unsere Werte? Was setzen wir uns zum Ziel? Zur Zeit Jesu hieß das: Welches ist das höchste Gebot von allen? Und Jesus gibt die Antwort: *Du sollst den Herrn, deinen Gott, lieben von ganzem Herzen, von ganzer Seele, von ganzem Gemüt und von allen deinen Kräften. Und: Du sollst deinen Nächsten lieben wie dich selbst. (Mk 12,30f.)*

Langweilig? Nein, genial einfach. Liebe deinen Nächsten wie dich selbst.

---

3   Brief von Franz Rosenzweig, in: Ulrich Bach, Boden unter den Füßen hat keiner. Göttingen 1980.

Wir zählen zu den größten Verbrechen die Verbrechen gegen die Menschlichkeit. Begangen zu Zeiten des Krieges, bei der Besetzung von Ländern, bei der Verfolgung von Menschen, die als Feinde gesehen werden, in Gefangenenlagern. Und immer wieder wird dann fassungslos gefragt: Wie können Menschen so etwas tun? Wie kann ein Mensch einem anderen so etwas antun?

Eine Erklärung, keine Entschuldigung, ist, dass man in diesen Zeiten den anderen nicht als Menschen sieht. Sondern als Feind, als Übeltäter und Verbrecher, – als irgendeine andere, bedrohliche und deshalb zu bekämpfende Spezies. Kein Mensch eben.

Ein ähnlicher Effekt ist übrigens auch dort zu beobachten, wo Menschen dauerhaft überfordert sind und in ihrem Gegenüber auch nur noch den fordernden und aggressiven Angreifer sehen. Das geht ausgebrannten Lehrern mit ihren Schülern so und auch Pflegekräften mit den Pflegebedürftigen, – manchmal auch Leitungskräften mit ihren Mitarbeitern. Ein Anzeichen ist, dass man nicht mehr den Einzelnen sieht, den man mit Namen kennt, sondern nur noch *die* Schüler, *die* Bewohner, *die* Mitarbeiter.

Der Blick für den anderen als einen Menschen wie mich geht verloren.

Liebe deinen Nächsten wie dich selbst. Das ist keine Einladung zum Philosophieren über die Schwierigkeit, sich selbst anzunehmen und zu lieben oder die Gefahr der Beziehungsunfähigkeit.

Liebe deinen Nächsten wie dich selbst. Das ist eine Erinnerung.

Liebe deinen Nächsten – er ist wie du.

Alles nun, was ihr wollt, dass euch die Leute tun sollen, das tut ihnen auch! (Mt 7,12)

So lautet die Goldene Regel.

Das ist eine Einladung, sich in die Lage des anderen zu versetzen. Und genau diese Fähigkeit, sich vorzustellen, »Das könnte ich sein«, diese Übung wirkt der Entmenschlichung entgegen.

Genial einfach, aber nicht selbstverständlich. Es gehört zu den Besonderheiten auch des Alten Testaments, immer wieder dazu aufzurufen, diese Verbindung zu anderen herzustellen.

Die Fremdlinge in deinen Toren sollst du nicht bedrücken (Ex 22,20), heißt es da immer wieder. Und als Begründung: *Gedenke, wie du Fremdling in Ägypten gewesen bist (Ex 22,20)*.

Eine ungeliebte Erinnerung, an Armut und Heimatlosigkeit, Ausbeutung und Rechtlosigkeit. Und genauso ergeht es also den Fremdlingen, den ungeliebten Ausländern, die man inzwischen als Herr im eigenen Land misstrauisch beäugt. Er ist wie du. Eine unbequeme, aber vielleicht heilsame Erinnerung.

Der andere ist wie du. Also behandle ihn, wie du behandelt werden möchtest. Mitmenschlichkeit pflegen: Genial einfach und gleichzeitig sehr anspruchsvoll. Mehr Leitbild ist kaum nötig. Wohl aber dessen tägliche Erinnerung.

Uwe Tille

Mitarbeiter in der Hauswirtschaft, seit 2004 bei der Evangelischen Altenhilfe Gesundbrunnen

»Meine Freunde lächelten erst über meine Arbeit.«

*Doch nachdem ich ihnen erzählt habe,
wie vielseitig und anspruchsvoll die Arbeit ist,
wird es voll von ihnen akzeptiert.*

Prüfungsaufgabe Nächstenliebe
(Matthäus 25, 31–46)

Erinnern Sie sich an Ihre letzte Prüfung?

Schulabschluss, Führerschein, Berufsabschluss oder Weiterbildung: Prüfungen sind ein bisschen wie Gerichtsverfahren: Am Ende steht ein Urteil. Nicht um »schuldig« oder »nicht schuldig« geht es, sondern »bestanden« oder »nicht bestanden«. Bestanden klingt wie »Freispruch« – und entsprechend erleichtert fühlt man sich.

Frei von der Anstrengung der Prüfungsvorbereitungen, frei von der Angst, ob man es schafft, das verlangte Wissen rechtzeitig parat zu haben. Vielleicht denkt man: »Nie wieder Prüfung!« Und das ist für den Augenblick zu verstehen – und doch wird es nicht dabei bleiben. Denn es gibt immer wieder zu lernen und es lohnt sich, auch ehrgeizige Ziele anzusteuern und sich weiterzuqualifizieren.

Das Gleichnis vom Weltgericht, einer der Grundtexte für die Diakonie, erinnert daran, dass wir als Menschen in gewisser Weise ein Leben lang geprüft werden. Und die Prüfungsaufgabe besteht darin, Liebe zu üben.

Liebe im biblischen Sinn hat nicht in erster Linie mit dem Gefühl zu tun, sondern mit dem Tun. Deshalb redet die Bibel davon, Liebe zu üben. Und wir haben eben gehört, was darunter zu verstehen ist: Aufmerksam sein für die Nöte anderer. Hungrigen zu essen geben, Durstigen zu trinken geben, Fremde aufnehmen, Nackte kleiden, Kranke und Gefangene besuchen.

Das sind die klassischen Werke der Barmherzigkeit.

Und sind es nicht gleichzeitig die klassischen Aufgaben der Altenpflege?

Hier sind es sechs Aufgaben, die beschrieben werden. Man könnte sie aber leicht den 13 AEDLs[4] zuordnen. Es geht um leibliche Erfahrungen

---

4 AEDL ist die Abkürzung für »Aktivitäten und existenzielle Erfahrungen des Lebens«. Sie sind Bestandteil des von Prof. Monika Krohwinkel entwickelten und weit verbreiteten Pfle-

und Nöte und um soziale und seelische Bedürfnisse. Essen, trinken, sich pflegen, sich kleiden, – oft erschwert oder beeinträchtigt durch Krankheit.

Übrig bleibt das Beispiel der Gefangenen. Doch kommen sich nicht manche Menschen im Altenheim vor, als seien sie Gefangene, weggeführt von zuhause und an einem Ort festgehalten, an dem sie nicht sein möchten? Oder was ist mit denen, die zur Immobilität verurteilt sind? Da sagen wir sogar: Sie sind ans Bett gefesselt – und zeitweise sind sie das vielleicht nicht nur im übertragenen Sinn, sondern sogar ganz praktisch, wenn eine Fixierung verfügt wurde.

Gefangen in den Beschwerden des Alters. Daran hat zur Zeit der Bibel noch niemand gedacht. Gemeint waren Gefangene, z. B. im Krieg. Aber es geht um das Gleiche, nämlich darum, einem Menschen beizustehen, der nicht sein kann, wo er sein möchte, der sich elend fühlt und fürchtet.

Insofern sind alle genannten Werke der Barmherzigkeit auch Aufgaben der professionellen Altenpflege.

Trotzdem findet sich dieser Bibeltext wahrscheinlich in keinem Lehrbuch der Altenpflege.

Aber es hat eine besondere Bedeutung, wenn an diese Worte immer wieder im Raum der Diakonie erinnert wird.

Jeder Mensch soll sich so verhalten, Augen und Ohren offen halten für die Nöte und Hilfsbedürftigkeit seiner Mitmenschen. Das gilt für Christen und Nichtchristen. Das ist nichts Besonderes, auch nichts besonders Diakonisches. Wie auch die Altenpflege an sich nichts besonders Diakonisches oder Evangelisches ist. Es gibt keine evangelische Grund- oder Behandlungspflege, auf die wir verweisen könnten. Es gibt gute oder schlechte Altenpflege, aufmerksame und zugewandte Pflegefachkräfte oder auch solche, die sich lieblos und rücksichtslos verhalten.

Das Diakonische, das Evangelische, das Christliche – das ist, dass wir ein besonderes Vorbild haben. Und das finden wir in der Bibel, wie wir es vorhin gelesen haben.

---

gemodells der »Fördernden Prozesspflege«. Die 13 AEDLs (von Nahrungsaufnahme über Ausscheidung, Bewegung bis zu Kommunikation und Beschäftigung) dienen als Struktur für die Erhebung der Pflegesituation und die Planung der Pflege.

Das Besondere ist:

(1) Das Wissen, dass wir nicht von oben herab helfen. Wir sind nicht besser, nicht von Natur aus stärker als die, für die wir arbeiten. Wir beugen uns nicht herab zu den Alten und Schwachen. Sie sind, wie wir alle werden können. Sie sind wie wir.

(2) Das Wissen, dass es bei den Werken der Barmherzigkeit nicht um besonders gute und lobenswerte Taten geht, sondern um etwas Selbstverständliches. Da sind Menschen wie wir und es ist selbstverständlich, sie zu unterstützen, so gut wir können. Was soll das, immer von einer besonders schweren und belastenden Arbeit zu sprechen? Damit meine ich nicht, dass berufsbedingte Rückenschmerzen nicht schlimm sind – aber was heißt das denn, wenn immer darüber geklagt wird, Altenpflege sei ein besonders schwerer Beruf? Wie klingt das für die, die gepflegt werden?

(3) Die Bibel zählt die Werke der Barmherzigkeit auf aus der Sicht ihrer Empfänger. Wir sind eingeladen, mitzufühlen und uns vorzustellen, wie es uns an ihrer Stelle ginge. »Ich war krank und du hast mich besucht.«

(4) Und es geht noch einen Schritt weiter: Nicht nur wir sollen daran denken: »das könnte ja ich sein«, in der Bibel identifiziert Jesus selbst sich mit den Hilfsbedürftigen, sie sind seine Brüder. »Was ihr ihnen getan habt, das habt ihr mir getan.«

Nicht, was wir tun, ist besonders. Wie uns der Glaube mit denen verbindet, für die wir etwas tun, das ist besonders. Wir wissen, dass sie sind wie wir, dass wir sind wie sie. Und wir glauben, dass Gott selbst uns in ihnen begegnet.

Bei allem, was wir lernen werden, bei allem, was wir erfahren und erleben und erreichen im Beruf, kann uns dieses Wissen und dieser Glaube begleiten.

Birgit Vering

Leiterin der Altenpflegeschule, seit 2002 bei der Evangelischen Altenhilfe Gesundbrunnen

»Gottesdienst zum Examen?«

Ich glaube nicht, dass diese Rituale ausreichen und auch die Auszubildenden erwarten mehr von uns. Nämlich, dass »Diakonie« im Alltag spürbar wird.

Was heute die Leitbilder sind, das war früher die Goldene Regel: »*Alles nun, was ihr wollt, dass euch die Leute tun sollen, das tut ihnen auch!*« *(Mt 7,12)* Das ist das Gesetz und die Propheten, sagt Jesus. Das ist alles, was man wissen muss, um sich richtig zu verhalten. Diese Goldene Regel ist kurz und einprägsam. Und, was mindestens genauso wichtig ist: Die Goldene Regel ist einleuchtend: »Behandelt andere so, wie ihr auch behandelt werden möchtet.«

Das lässt sich auch über heutige Leitbilder sagen.

Wenn es da zum Beispiel heißt: In den Einrichtungen und Arbeitsfeldern der evangelischen Altenhilfe soll alten Menschen geholfen werden, an der Gemeinschaft menschlichen Lebens Anteil zu haben und ihr Leben in möglichst engem Zusammenhang mit ihrer Lebensgeschichte und möglichst selbstständig zu führen.

Was ist damit gemeint?
Wie werden Menschen gesehen und welches Verhalten leitet sich daraus ab?

Drei biblische Antworten:

1. »*Es ist nicht gut, dass der Mensch allein sei.*« *(Gen 2,18)* So wird es schon in der Schöpfungsgeschichte am Anfang der Bibel gesagt. Von Geburt an sind wir Menschen aufeinander angewiesen und aufeinander bezogen. Eine der schlimmsten Strafen für Gefangene ist die Isolationshaft, das Abgeschnittensein von jedem menschlichen Kontakt. In jeder Lebenslage und in jedem Alter ist es für das Wohlbefinden und das Wohlergehen wichtig, Zugang zu anderen zu haben, Berührung und Gemeinschaft.

2. »*Ich habe dich bei deinem Namen gerufen, du bist mein*« *(Jes 43,1)*, sagt Gott zu einem seiner Propheten. Jeder Mensch ist unverwechselbar, mit einer eigenen Geschichte, eigenen Fähigkeiten, eigenen Vorlieben

und Abneigungen, einem eigenen Namen. Auch das gilt für jede Lebenslage und jedes Alter. Es tut gut, wenn man erkannt und mit dem eigenen Namen angesprochen wird. Damit fängt es an. Und wenn ich dann so behandelt werde, wie ich es mag und gewohnt bin, fühle ich mich wohl.

3. »*Du hast ihn wenig niedriger gemacht als Gott*« *(Ps 8,6)* wird in der Bibel über den Menschen gesagt. Gott verleiht dem Menschen eine besondere Würde. Das verbietet, Menschen zu töten, ihnen die Freiheit zu rauben, sie zu entmündigen und ihnen einen fremden Willen aufzuzwingen. In Gefahr sind immer die Schwachen. Die Kinder, die Hilfsbedürftigen, Arme und oft auch Menschen, die in der Fremde sind und sich nicht auskennen. Immer wieder liegt es nahe, einfach über sie zu bestimmen. Doch für jede und jeden von uns hängt viel davon ab, in welchem Maß wir selbstbestimmt leben können.

Ein Mensch braucht Gemeinschaft. Jede Person ist unverwechselbar. Jeder Mensch hat ein Recht auf Respekt vor seiner Selbstbestimmung. So also wollen wir den Menschen sehen. Daraus leitet sich ab, wie wir uns verhalten sollten.

Und dieses Bild vom Menschen und dieses Verhalten sollte nicht auf alte Menschen beschränkt sein. Wie die Goldene Regel kann das Leitbild allen zugutekommen, auch den Mitarbeitern. Auch für sie gelten die biblischen Antworten.

1. Es ist nicht gut, dass der Mensch allein sei. Zu zweit oder im Team oder in der Gruppe lässt sich besser arbeiten als allein. Zwei sind immer besser dran als einer, wenn es viel Arbeit gibt und die Belastung groß ist. Organisieren wir unsere Arbeit also in Teams und Gruppen und gönnen uns den Anteil an der Gemeinschaft menschlichen Lebens!

2. Auch Mitarbeiterinnen sind unverwechselbar mit ihren Erfahrungen und Fähigkeiten. Es ist gut und von Nutzen, einander zu kennen und wertzuschätzen.

3. Auch der Arbeit und der Arbeitszufriedenheit tut es gut, wenn »Selbstbestimmung« möglich ist und eigenverantwortliches Handeln.

Es wäre ein lohnendes Ziel, wenn das Leitbild für das gemeinsame Arbeiten zur Goldenen Regel würde. Alle können etwas davon haben.

Birgit Geßner

*Pflegedienstleiterin, seit 1982 bei der
Evangelischen Altenhilfe Gesundbrunnen*

»Was du nicht willst,
das man dir tu',
das füg' auch keinem
andern zu.«

*Wenn jemand fähig ist, in diesem Bereich zu arbeiten,
dann kann das nur mit dem christlichen Glauben,
insbesondere der Nächstenliebe funktionieren.*

Gebt dem Kaiser, was des Kaisers ist (Markus 13,13ff.)

»Meister, wir wissen, dass du wahrhaftig bist und fragst nach niemand; denn du achtest nicht das Ansehen der Menschen, sondern du lehrst den Weg Gottes recht. Ist es recht, dass man dem Kaiser Steuern zahlt oder nicht? Sollen wir sie zahlen oder nicht?«

Diese Anrede ist schon verdächtig: *»Du bist wahrhaftig und fragst nach niemand. Denn du achtest nicht das Ansehen der Menschen.«*

Jesus soll über den Dingen stehen, keine Angst haben vor der Meinung Anderer, auch nicht vor politisch Einflussreichen und Mächtigen.

Also, wie kann er befürworten, dass man den grausamen Diktatoren Steuern zahlt und ihr Regime stützt?

Den Zehnten soll der gläubige Jude geben für die Unterstützung der Armen.

Was wird er sagen?

Die Frage ist eine Falle. Spricht er sich gegen die Steuerpflicht aus, kann man ihn als politischen Aufrührer anklagen, als Widerständler.

Spricht er sich für die Steuer aus, unterwirft er sich dem Unrechtssystem, dann ist er ein feiger Duckmäuser. Man wird ihm vorhalten: »Und du willst eine moralische Autorität sein?«

Jesus gibt eine rätselhafte Antwort:

Gebt dem Kaiser, was des Kaisers ist. Der Kaiser kann Steuern erheben, dann soll er sie auch bekommen. Deshalb ist er nicht Gott. Deshalb hat er kein Recht, über Leben und Tod zu entscheiden, über Recht und Unrecht, über den Wert eines Menschen, – selbst wenn sich das römische Militär so aufspielt.

Gebt Gott, was Gottes ist. Zum Beispiel: Gottes Wort halten und Liebe üben und demütig sein vor Gott.

Auch wir bekommen Fragen gestellt. Manchmal stellen wir sie uns auch selbst.

»Wir gehören doch zur Diakonie. Bei uns steht der Mensch im Mittelpunkt, Nächstenliebe, wie Gott sie geboten hat. Sollen wir uns wirklich allen Marktgesetzen unterwerfen? Den marktgängigen Tarifen, den Prüfrichtlinien des MDK, allen Forderungen, die irgendwer im eigenen Interesse aufstellt?«

Was sollen wir antworten?

Der kirchlich-diakonische Tarif ist gut gemeint und kaum noch durch Entgelte zu refinanzieren. Wie »dokumentationslastig« die MDK-Prüfungen sind, wissen wir, und dass es eigentlich noch gar kein Verfahren gibt, um die Ergebnisqualität der Pflege angemessen zu erfassen.

Warum also müssen wir uns all dem unterwerfen?

Wo bleibt der Mensch?

Wo bleiben die Menschen, die Bewohnerinnen und die Mitarbeiterinnen?

Wo bleiben wir, mit all dem, was uns eigentlich wichtig ist?

Gebt dem Kaiser, was des Kaisers ist.

Das System, in dem wir leben und arbeiten, lässt sich nicht leugnen.

Es muss uns gelingen, auskömmlich zu wirtschaften, damit wir weiterhin alte Menschen pflegen und betreuen können. Wir brauchen Eingruppierungen und Tarife, die sich refinanzieren lassen.

Und die MDK-Richtlinien müssen erfüllt werden.

Das heißt nicht, dass wir dieses ganze System so gutheißen – für keinen von uns.

Es ist, was wir »dem Kaiser« geben müssen.

Wie wir eine gute Pflegequalität im Ergebnis erreichen und halten, das ist eine andere Frage.

Wie wir deutlich machen können, was die Arbeit der Mitarbeiterinnen und Mitarbeiter wirklich wert ist – jenseits jedes Tarifs, jenseits jeder Währung, das ist eine andere Frage.

Jesus sollte hereingelegt werden. Die Frage an ihn war eine Falle. Und er steckte in einer schwierigen Situation.

Und ähnlich schwierig ist unsere Situation.

Auch uns fragt man: »Das können Sie doch nicht meinen, dass Pflege tatsächlich so beurteilt werden soll, wie der MDK das tut?« »Das können Sie doch nicht wollen, dass die Bezahlung unter dem bisherigen Tarif liegt?«

Wir stecken in einer schwierigen Situation.

Und ich hoffe, dass es uns gemeinsam gelingt, dem Kaiser zu geben, was des Kaisers ist – und vor Gott zu verantworten, was uns anvertraut ist.

Das höchste Gebot

Was ist das Wichtigste in der Altenpflege?

Manchmal scheuen wir uns vor großen Worten – und trotzdem ist es wichtig, nach dem zu fragen, was für uns gelten soll. Das ist nicht erst in unserer Zeit so.

»Welches ist das höchste Gebot von allen?« (Mt 22,36), haben sie Jesus gefragt. Und er gibt die Antwort: »*Du sollst den Herrn, deinen Gott, lieben von ganzem Herzen, von ganzer Seele, von ganzem Gemüt und von allen deinen Kräften. Und: Du sollst deinen Nächsten lieben wie dich selbst.*« *(Mt 22,37.39)*

Liebe deinen Nächsten wie dich selbst. Das ist eine Erinnerung. Liebe deinen Nächsten – er ist wie du. Alles nun, was ihr wollt, dass euch die Leute tun sollen, das tut ihnen auch! (Mt 7,12) So lautet die Goldene Regel. Das ist eine Einladung, sich in die Lage des anderen zu versetzen. Und genau diese Fähigkeit, sich vorzustellen, »Das könnte ich sein«, diese

Übung wirkt gegen Unmenschlichkeit. Ganz einfach, aber nicht selbstverständlich.

Denken Sie an das Märchen der Brüder Grimm vom Großvater und vom Enkel:[5]
Der Großvater ist schwach geworden und verschüttet sein Essen. Die Schwiegertochter ärgert sich und er wird vom gemeinsamen Esstisch verbannt und muss allein essen. Und als er eines Tages die Schale mit der Suppe fallen lässt, bekommt er sein Essen nur noch in einem Holznapf. Der Kleine hat alles aufmerksam beobachtet. Als er beginnt, an einem Holzstück zu schnitzen, fragen ihn die Eltern, was er da tue. Und er antwortet: »Das wird ein Holznapf für euch. Damit ihr daraus essen könnt, wenn ihr alt seid.« Die Eltern erschrecken und schämen sich. Und ab sofort darf der Großvater wieder mit ihnen am Tisch sitzen und vom irdenen Geschirr essen.

Der kleine Junge schafft es, dass die Eltern merken: Das könnten ja wir sein, wir werden auch alt. Daran können auch wir uns erinnern, jeden Tag.

Und uns deshalb bemühen, miteinander so umzugehen, wie wir es uns für uns selbst wünschen würden. Das gilt übrigens auch unter Mitarbeitenden oder zwischen Mitarbeiterinnen und Vorgesetzten.

Auch hier gilt, dass die einzelnen Mitarbeitenden sich untereinander wertschätzen sollen, wie auch die Arbeitsbereiche der anderen. Was wäre ein Haus ohne die Hauswirtschaft? Wie sähe es aus? Oder ohne Hausmeister, ohne einen freundlichen Menschen am Telefon, ohne Pflegekräfte? Alle tragen ihr Teil bei und verdienen Achtung und Wertschätzung.

Der andere ist wie du. Also behandle ihn, wie du behandelt werden möchtest. Mitmenschlichkeit pflegen. Ganz einfach – und gleichzeitig sehr anspruchsvoll. Ausreichend, es täglich zu üben, ein ganzes Berufsleben lang.

---

5   Der alte Großvater und der Enkel, in: Märchen der Brüder Grimm. Leipzig 1969.

Damit werden wir nie fertig. Und gerade, wenn es einmal schwerfällt, ist es gut, sich daran zu erinnern, was einen eigentlich leiten soll. Wenn das immer und überall so selbstverständlich wäre, brauchten wir es nicht aufzuschreiben. Wie gut, dass es aufgeschrieben ist für uns.

Führst du uns durch raue Wege,
gib uns auch die nöt'ge Pflege.

Viele empfinden die Wege als rau, die sie in die Altenpflege führen. Das gilt zunächst für die Menschen, die sich entscheiden, in ein Heim zu ziehen. Für jede Familie und jeden Einzelnen ist es ein rauer Weg, der vom Leben in den eigenen vier Wänden in eines unserer Häuser führt, weil mehr Hilfe und Pflege gebraucht wird, als zuhause zu leisten ist. Das ist kein besonderes Kennzeichen dieser Zeit, sondern gehört einfach zum Alter dazu. Das Altwerden selbst ist oft ein rauer Weg und es wäre nicht ehrlich, das zu leugnen.

Und dann sind da die vielen Menschen, die in Alten- und Pflegeheimen arbeiten, in der Pflege, in der Hauswirtschaft, in der Verwaltung oder auch in der handwerklichen und technischen Betreuung der Häuser. Und nicht zu vergessen, die, die ehrenamtlich eine Aufgabe übernommen haben. Sie alle – und sogar die Pfarrer, die in diesen Häusern Dienst tun – beklagen die rauen Wege. Dass der wirtschaftliche Druck immer stärker wird, dass die Zeit immer knapper zu werden scheint, die man gern für andere einsetzen würde. Dass die Sorge wächst, wie das geschafft und getan werden kann, was eigentlich gut und notwendig wäre.

Und so kommt dieser Wunsch wirklich aus tiefem Herzen: »Führst du uns auf raue Wege, gib uns auch die nöt'ge Pflege.«[6]

Wie sieht die nötige Pflege aus?

Eine Antwort lässt sich in der Geschichte vom barmherzigen Samariter finden (LK 10,30–37).

Sie beginnt mit einem gefährlichen, sehr rauen Weg, führt durch große Not und endet mit guter Pflege. Gerade in letzter Zeit wird sogar öffentlich darum gestritten, wo denn die barmherzigen Samariter geblieben sind. Und die Diakonie wird hinterfragt, ob sie denn noch das tut, was ihr aufgetragen ist.

Ist die Diakonie heute eher der Wirt, der gegen Bezahlung die Pflege übernimmt als der barmherzige Samariter? Und müsste sie nicht viel mehr der Samariter sein, der die Armen und Hilfsbedürftigen auf der Straße sucht und findet und die Pflege dann anderen überlässt? So wird gefragt.

Natürlich ist die Diakonie der Wirt, der gegen Bezahlung pflegt. Sie braucht die Beiträge der Pflegeversicherung und auch den Eigenbeitrag der Bewohner und ihrer Familien, um das zu leisten, was eine gute Pflege erfordert. Und der barmherzige Samariter ist die Diakonie auch, der die Not sieht und tut, was notwendig ist. Wenn sie neue Heimplätze schafft und wenn sie die Pflege weiterentwickelt, damit sie den wachsenden Anforderungen gerecht wird.

Und zuweilen findet sich die Diakonie auch in der Rolle des armen Wanderers wieder, der unter die Räuber gefallen ist und geschlagen und verletzt auf Hilfe hofft. Wenn Pflegesätze nicht erhöht werden, wo es notwendig wäre. Dann, wenn z. B. die gesamte Altenpflege immer wieder öffentlich verleumdet und beschuldigt wird. Das sind die Schläge, die alle Altenpfleger treffen.

---

6   Jesu, geh voran, Strophe 4, EG Nr. 391.

Jesus hat Geschichten erzählt vom wirklichen Leben und von wirklichen Menschen. Und so können wir davon ausgehen, dass wir uns in ihnen wiederfinden. Und dass wir uns wiedererkennen in den Menschen, die er beschreibt: in den Rettern und Helfern, in den Opfern und, wenn wir ehrlich sind, dann manchmal auch in den gleichgültigen Zuschauern oder sogar in den Tätern. Jesus erzählt, damit wir aus seinen Gleichnissen lernen. Lassen Sie uns also anschauen, was geschieht. Ein Mensch liegt halb tot am Straßenrand, ausgeplündert und verletzt. Er kann sich nicht selbst helfen. Zwei Wanderer kommen vorbei, nacheinander. Angesehene Bürger, von denen man annehmen könnte, sie seien fromm und anständig und hilfsbereit. Sie sehen den Verletzten – und gehen vorüber. Sie tun so, als hätten sie nichts gesehen. Oder als hätte das keine Bedeutung, was sie gesehen haben. Dass da einer in Not ist und dringend Hilfe braucht.

Oder als könnte man da nichts machen: »Es ist schrecklich, wenn es jemandem so schlecht geht, aber man kann daran eben nichts ändern.« Oder als könnten sie leider nichts tun, da müsste schon jemand anderes kommen, mit anderen und besseren Möglichkeiten, als man sie selbst hat. Alle diese Überlegungen sind mir wohlvertraut.

Und dann kommt der Samariter. Er sieht. Und für ihn hat es eine Bedeutung, was er sieht. Er hat Mitleid. Es jammert ihn, heißt es. Und er ist davon überzeugt, dass man etwas tun kann.

Dass er etwas tun kann. Und so handelt er. Er versorgt die Wunden und verbindet sie. Er hebt den Verletzten auf sein Tier und bringt ihn in eine Herberge und versorgt ihn auch da. Und er sorgt dafür, dass der Wirt ihn weiter pflegt, als er am nächsten Tag weiterzieht. Er hat alles getan, was in seiner Macht stand. Und dann übernimmt der Wirt seinen Teil. Er trägt die Verantwortung und weiß, dass der Samariter ihn fragen wird nach dem Verletzten, wenn er wieder vorbeikommt.

Beide werden gebraucht in dieser Geschichte, damit dem Mann geholfen wird. Der Samariter kann ihn beruhigt abgeben. Und der Wirt bekommt ausreichend Geld für die Pflege.

Was also können wir lernen?

Hinzusehen und ernst zu nehmen, was wir sehen. Das gilt für einen Menschen, der erkennt, dass er Unterstützung und professionelle Pflege braucht, und für seine Angehörigen und Nachbarn. Es ist unverschämt, Angehörigen vorzuwerfen, sie würden jemanden abschieben ins Heim.

Die meisten Menschen in Deutschland werden zuhause gepflegt. Es ist im Gegenteil verantwortlich und braucht oft viel Mut aller Beteiligten, zu entscheiden, dass die Übersiedlung ein notwendiger Schritt ist.

Hinsehen und ernst nehmen, was wir sehen. Das gilt für alle Mitarbeiterinnen und Mitarbeiter. Sie sollen hinsehen – und sie sollen angesehen werden.

Die rauen Zeiten und die rauen Wege gehen an den Mitarbeitern nicht spurlos vorüber. Es ist notwendig, noch einmal neu darüber nachzudenken, was Pflege bei uns heißen soll. Pflege für die Menschen, die bei uns leben. Und eben auch Pflege der Menschen, die bei uns arbeiten.

Dafür gibt uns das Gleichnis ein gutes Vorbild: Genau hinsehen. Ernst nehmen, was wir sehen. Überlegen, was insgesamt getan werden muss für die Zukunft der Altenpflege. Und das tun, wozu wir selbst in der Lage sind.

»Geh hin und tue desgleichen«, sagt Jesus am Ende der Geschichte vom barmherzigen Samariter. Das ist es übrigens, was Jesus unter Nächstenliebe versteht: Hinsehen und das ernst nehmen, was man sieht. Das tun, was in unserer Macht steht.

Zuflucht (Psalm 90)

»Herr, du bist unsere Zuflucht für und für. Ehe denn die Berge wurden und die Erde und die Welt geschaffen wurden, bist du Gott von Ewigkeit zu Ewigkeit.« (Ps 90,1–2)

Ich wünsche mir eine Zuflucht für Altenpflegekräfte und Altenpflegeträger,
* wenn die BILD-Zeitung über die Pflegeschande schreibt und alle Medien über den Pflegenotstand klagen;
* wenn mehr Kontrollen gefordert werden, bessere Qualität und preiswertere Pflege;
* wenn Kunden und Öffentlichkeit über den Preis der Pflege klagen und Pflegekräfte unter niedriger Bezahlung leiden;
* wenn Kunden sich über die Diakonie beklagen, weil alles etwas kostet und nicht viel nur aus Nächstenliebe geschieht;
* wenn Mitarbeiterinnen an der Diakonie zweifeln, weil der Arbeitsdruck groß ist und Löhne abgesenkt werden;
* wenn die Kirche die Diakonie davor warnt, zu sehr auf die Wirtschaftlichkeit und das Geld zu schauen und die Einrichtungen gleichzeitig um ihre Existenz kämpfen.

»Herr, du bist unsere Zuflucht für und für. Ehe denn die Berge wurden und die Erde und die Welt geschaffen wurden, bist du Gott von Ewigkeit zu Ewigkeit.«

Immer noch gilt, dass es gut und wichtig ist, für alte, hilfsbedürftige Menschen zu sorgen.

Immer noch gilt, dass Diakonische Träger und ihre Mitarbeiterinnen das tun wollen, so gut wie nur möglich.

Immer noch gilt, dass das der diakonische Auftrag ist, den sie auch erfüllen, – wie vor der Einführung eines allgemein gültigen Vergütungssystems irgendwann nach dem 2. Weltkrieg, wie vor der Einführung der Pflegeversicherung 1995.

»Herr, du bist unsere Zuflucht für und für.«

Wir brauchen eine Zuflucht, in Zukunft mehr denn je.

»Lehre uns bedenken, dass wir sterben müssen, auf dass wir klug werden.«
(Ps 90,12)

Klug und einfallsreich. Damit es nicht kommt wie in der »Erlöser AG« in einem Roman von Björn Kern[7]. Damit es nicht in 50 Jahren Alten-Ghettos gibt mit Heimzellen von sechseinhalb Quadratmetern Mindestgröße, rundum gekachelt, in denen Tausende dementer Menschen nachts per Spritze in den Schlaf befördert werden. Da erscheint es dann als Erlösung, als das Parlament beschließt, die Tötung auf Verlangen straffrei zu stellen und eine Firma das entsprechende Angebot auf den Markt bringt.

Der Autor hat den Brüder Grimm Preis der Stadt Hanau erhalten für sein Buch. Wird es uns helfen, klug zu werden? Wird es uns helfen, selbst Ideen zu entwickeln, wie es sich leben und alt werden und auch sterben lässt, damit dieser Albtraum nicht Wirklichkeit wird?

Das ist die Aufgabe der Diakonie. Das können wir für die tun, die schon jetzt alt und leidend und hilfebedürftig sind – und für uns, wenn wir einmal alt werden.

»Unser Gott sei uns freundlich und fördere das Werk unsrer Hände bei uns.
Ja, das Werk unserer Hände wollest du fördern.« (Ps 90,17)

---

7   Björn Kern, Die Erlöser AG. München 2007.

Es gibt kein christliches Arbeitsrecht.

Natürlich haben Kirche und Diakonie Ordnungen und Gesetze, die sie zur Regelung der Arbeitsverhältnisse nutzen. Meist sind sie, wie auch die Vergütungsstrukturen, an öffentliches Arbeitsrecht angelehnt.

Es gibt aber kein christliches Arbeitsrecht.

Dieser Umstand schützt nicht davor, dass Mitarbeiterinnen und Mitarbeiter – und auch die Öffentlichkeit – erwarten, dass Kirche und Diakonie in Arbeitsrechtsfragen anders vorgehen als weltliche Unternehmen. Das wird zum einen deutlich, wenn enttäuschte Mitarbeiter mit Bitterkeit Leitbilder zitieren, immer zu den Zeiten, in denen sie sich ungerecht behandelt fühlen. Das wird zuweilen auch deutlich bei Arbeitsgerichtsprozessen, wenn auch Richter den Eindruck haben, das dürfte nicht sein, dass zwischen Dienstgebern und Dienstnehmern im diakonischen oder kirchlichen Bereich vor einem weltlichen Gericht gestritten wird.

Dennoch handelt es sich dabei um einen unrealistischen, wenn auch verständlichen, frommen Wunsch. Demgegenüber ist es sehr erfrischend, dass in der Bibel von ganz unterschiedlichen Situationen im Arbeitsleben erzählt wird. Hier wird nicht zwischen einem besonderen christlichen Bereich und einem nicht christlichen unterschieden. Im Gegenteil, die ganz normalen Arbeitsbedingungen werden zum Gleichnis für irgendwelche Tatbestände und Situationen, die Jesus erläutern will.

Einige Beispiele:
Da gibt es das Gleichnis von dem anvertrauten Pfunden (Mt 25,14–30). Hier wird verschiedenen Mitarbeitern ein bestimmter Geldbetrag anvertraut mit dem Auftrag, damit in der Abwesenheit des Besitzers und Eigentümers zu wirtschaften. Als dieser dann Rechenschaft fordert, liegen ganz unterschiedliche Arbeitsergebnisse vor. Diejenigen, die gut gewirtschaftet haben und finanziellen Gewinn vorweisen können, werden gelobt und mit weiteren Aufgaben betraut. Der eine, der, aus lauter Angst vor dem strengen Herrn und aus Angst, Verluste und Fehler zu machen,

lieber gar nichts getan hat, der wird gescholten und entlassen. Und ausgerechnet dieses durchaus harte Beispiel benutzt Jesus, um seine Zuhörer dazu zu ermutigen, das, was ihnen anvertraut ist, auch einzusetzen im Reiche Gottes.

Es gibt verschiedene Gleichnisse, in denen die Klugheit von Menschen im Arbeitsleben gelobt und zum Vorbild erhoben wird. Die Klugheit des Hausbauers zum Beispiel, der sein Haus auf einen soliden Untergrund setzt und dann keine Angst davor haben muss, wenn ungünstigere Witterungsverhältnisse dem Gebäude zusetzen (Mt 7,26–27).

Oder die Klugheit der jungen Frauen, die sich nicht nur mit den nötigen Gerätschaften, in diesem Falle Lampen, ausstatten, sondern auch für einen ausreichenden Vorrat an Brennmaterial sorgen und in der Folge dann auch erfolgreich tätig sein können (Mt 25,1–13).

Zuletzt sei genannt die Klugheit des Verwalters, der seinen Auftrag, sich achtsam um das Personal zu kümmern, von Anfang an gut erfüllt und nicht etwa darauf hofft, eine Kontrolle werde so schnell schon nicht kommen.

All dies sind Beispiele aus dem Arbeitsleben und sie werden immer zum Gleichnis gesetzt für das Verhalten für Menschen im Reich Gottes. Das heißt, die guten und zuverlässigen Arbeiter und Arbeiterinnen werden zum Vorbild für die Menschen, wie Gott sie anscheinend haben will.

Das, was wir vielleicht erwarten würden, dass Verhältnisse ganz anders beschrieben werden oder andere Gesetze gelten sollen für die Arbeit der Christen, finden wir in der Bibel nicht vor.

Ähnlich ist es übrigens im Blick auf die Bezahlung.

Die Bibel bildet ganz sachlich die Verhältnisse der Welt ab. Da werden wirtschaftliche Krisen wiedergegeben: »*Und alle, die um Lohn arbeiten, sind bekümmert*« *(Jes 19,10)* oder es heißt an anderer Stelle: »*Der Reiche arbeitet und kommt dabei zu Geld; und wenn er ausruht, kann er es auch genießen. Der Arme arbeitet und lebt doch kärglich; und wenn er ausruht, wird er zum Bettler.*« *(Sir 31,3f.)*

Wohl gibt es die deutlichen Ermahnungen, dass ein Verwalter sich ordentlich um seine Leute kümmern soll oder, dass der, der arbeitet, auch ordentlich bezahlt werden soll. Genau diese Ermahnungen machen aber auch deutlich, dass eine andere, viel tristere Praxis durchaus bekannt ist.

Für die Arbeitsfelder Kirche und Diakonie heute heißt dies, dass sie, wie auch ihre Vorgänger, unter den gleichen Bedingungen wirtschaften und arbeiten müssen wie andere Bereiche.

Es geht darum, mit den Mitteln gut zu wirtschaften, die vorhanden sind, um nicht fahrlässig mehr auszugeben, als zur Verfügung steht. Und wie in anderen Bereichen gilt der »ganz normale Anstand«, dass die auch bezahlt werden sollen, die arbeiten. Nirgends leider ist von irgendeiner höheren Instanz festgelegt, wie hoch die Bezahlung denn sein kann, da leider auch kein himmlischer Geldgeber im Hintergrund steht.

Für den Bereich der Arbeit und das Arbeitsrecht sei an dieser Stelle die »Goldene Regel« empfohlen: »*Was ihr wollt, dass euch die Leute tun sollen, das tut ihnen auch*« *(Mt 7,12).*

Das ist eine sehr realistische Ausgangslage. Und dazu sind die Rahmenbedingungen zu berücksichtigen, in denen gearbeitet wird. Es kann gegeben werden, was zur Verfügung steht, nicht mehr und nicht weniger, auch wenn mehr wünschenswert wäre. Und wie in jedem anderen Arbeitsverhältnis wird das erwartet, was der Vertrag vereinbart, nämlich ein Einsatz nach bestem Wissen und Gewissen.

Das bedeutet übrigens auch, dass dieser Einsatz Grenzen hat. Dass auch die, die bei Kirche und Diakonie arbeiten, ein Recht auf ein ganzes Leben haben, das sich nicht in der Arbeit erschöpft, dass sie Recht haben auf die Möglichkeit, in der Freizeit zu regenerieren und neue Kraft zu schöpfen.

Das nämlich ist eine protestantische Errungenschaft: Wir müssen uns durch ein christliches Leben nicht den Himmel verdienen, der wird uns geschenkt. Wir müssen uns durch unsere Arbeit das verdienen, was wir für die Altenhilfeunternehmen brauchen und für jeden Einzelnen als Lebensunterhalt. Wenn wir das tun, sind wir im Sinne des Gleichnisses Jesu treue, kluge Dienerinnen und Diener.

»Lassen Sie das Alter einfach an sich heran. Es ist nicht so schlimm.« – sagt die Leiterin des Evangelischen Geriatriezentrums in Berlin im Interview mit Brigitte woman, dem Magazin für Frauen über 40.[8] Sie erzählt von den Chancen der jungen Alten und ist selbst ein gutes Beispiel. Heute, mit Anfang 60, träumt sie davon, nach der Pensionierung in Deutschland ein Krankenhaus in der Dritten Welt aufzubauen. Dann zeigt die Zeitschrift schöne Fotos von Frauen, über die es heißt: Mit 20 hübsch, mit 40 schön. Und wahrscheinlich sind sie mit 60 attraktiv wie Hannelore Elsner ... Schönes junges Alter!

Nicht immer gab es so positive und schöne Altersbilder.

»Welcher Serie von Leiden ist ein hohes Alter unterworfen! Da ist zuerst das entstellte, scheußliche, unkenntliche Gesicht; statt der Haut dieses hässliche Leder, diese hängenden Backen, diese Runzeln ... Die Alten sind alle gleich; ihre Stimme zittert, wie ihnen die Glieder zittern; kein Haar wächst mehr auf dem kahlen Schädel; ihre Nase ist feucht wie bei kleinen Kindern. Sein Brot kann der arme Alte nur mit zahnlosem Kiefer zermalmen ... Der Greis ist nicht mehr bei vollem Verstand ...«[9]

So schrieb der römische Dichter Juvenal vom schrecklichen Alter, verhasst und gefürchtet.

Auch heute schwärmt keiner über die Jahre über 80. Ängstlich wird diese magische Marke beäugt und dahinter der Verfall, das Elend und das Verschwinden im Leiden gefürchtet – und das Pflegeheim.

Selbst der renommierte Altersforscher Paul Baltes schrieb in einem seiner letzten Artikel:»Das hohe Alter ist also die große Unsicherheitskomponente der Zukunft, denn es leidet an einer tief sitzenden und nur schwer zu korrigierenden biokulturellen Konstruktionsschwäche.«[10]

---

8 Das besondere Gespräch mit Elisabeth Steinhagen Thiessen, in: Brigitte woman, 08/2007.

9 Juvenal in: Simone de Beauvoir, Das Alter. Reinbek 1972.

10 Paul Baltes, Alter(n) als Balanceakt: Im Schnittpunkt von Fortschritt und Würde, in: P. Gruss (Hg.), Die Zukunft des Alterns. München 2007.

Schlechte Aussichten für uns, die wir heute noch nicht alt sind, es aber vielleicht werden.

Schlechte Aussichten für all die Menschen, an denen also die Konstruktionsschwäche des homo sapiens sichtbar wird. Schlechte Aussichten und ein unbarmherziges Urteil.

Wer soll damit gut und würdevoll leben, wenn das die Charakterisierung seiner Existenz und seiner Identität als alter Mensch ist: Modell mit Konstruktionsschwächen?

Die Bibel beschönigt die Schwächen und Leiden des Alters nicht. Doch der Blick auf den Menschen beschränkt sich nicht auf Schönheit und Kraft, auf geistige und körperliche Stärke.

Die Bibel beschreibt den Menschen in einer Beziehung und erzählt davon altersunabhängig, oder besser: über alle Lebensalter hinweg.

»Herr, ich traue auf dich, lass mich nimmermehr zuschanden werden.
Sei mir ein starker Hort, zu dem ich immer fliehen kann, der du zugesagt hast,
mir zu helfen; denn du bist mein Fels und meine Burg.
Auf dich habe ich mich verlassen vom Mutterleib an;
Du hast mich aus meiner Mutter Leib gezogen.
Verwirf mich nicht in meinem Alter, verlass mich nicht, wenn ich schwach
werde.« (Ps 71)
So wird gebetet.

Und auch Gottes Zusage finden wir:
»Auch bis in euer Alter bin ich derselbe, und ich will euch tragen, bis ihr
grau werdet. Ich habe es getan; ich will heben und tragen und erretten.« (Jes
46,4)

Mit dieser Zusage lässt sich leben – in jedem Alter. Und für menschliche Beziehungen zeichnet sie das Vorbild. Auch die können bleiben und tragen.

Zuspruch für Pflegekräfte

Nie genug? (Lukas 11,9–13)

Wie lässt sich die Arbeit in der Pflege messen und würdigen?

Um eine Ahnung davon zu bekommen, was allein die Arbeitszeit bedeutet, müssten wir eigentlich rechnen: Wie viele Arbeitstage hat ein Jahr? Wie viele Stunden?

Wie viele Menschen sind es, die in dieser Zeit aufgenommen, versorgt und betreut werden?

Wie viele Betten werden bezogen?

Wie viele Medikamente werden gereicht? Wie viel Wasser, Kaffee, Tee?

Vielleicht könnte jemand aus der Küche sagen, wie viel Liter in einer Woche, einem Monat, einem Jahr gekocht und verteilt werden.

Wie viele Gespräche werden geführt? Wie viele Telefonate?

Wie viele Schuhsohlen werden abgelaufen, treppauf, treppab?

Es ist nicht einfach, die Arbeit zu messen und zu würdigen. Das ist so bei den Dingen des täglichen Lebens, die unbedingt gebraucht werden und die sich wiederholen Tag für Tag.

Es ist anders als bei einem Handwerker, der irgendwann sagen kann: Jetzt bin ich fertig. Das Haus ist gebaut. Die Leitungen sind verlegt. Das Dach ist gedeckt. Die Wände sind tapeziert und gestrichen. Das Haus ist schlüsselfertig. In der Pflege sind Sie nie wirklich fertig.

Es ist auch nicht so einfach, mit der geleisteten Arbeit zufrieden zu sein. Gerade weil man den Eindruck hat, sie ist nie fertig. Und weil wir außerdem oft das Gefühl haben, es ist nie genug. Müsste nicht für jeden noch viel mehr getan werden? Mehr Pflege, mehr medizinische Hilfen, mehr therapeutische Unterstützung? Und vor allem: Viel mehr Zeit für jeden? Manche werden ganz niedergeschlagen, wenn dieser Eindruck die Überhand gewinnt: Es ist nie genug, was wir tun. Das ist schwer auszuhalten.

Doch bei allen berechtigten Selbstzweifeln und allen hohen Ansprüchen: Es stimmt nicht, dieses »Es ist nicht genug«!

Es ist viel, was Sie Tag für Tag tun. Sie tun das, wofür die Diakonie da ist. Sie geben Hilfe und Unterstützung für die, die sie brauchen. Beim Aufstehen und Waschen und Anziehen.

Beim Gehen und Zurechtfinden und beim Essen. Bei all den Verrichtungen, die einem im Laufe des Alters schwer werden können. Sie planen diese Arbeit und Sie dokumentieren sie.

Und weil Sie glücklicherweise keine Maschinen sind, reden Sie dabei und lachen und manchmal singen Sie sogar. Das ist eine ganze Menge. Es ist das, was Sie tun können.

Die Sorge, dass das, was wir tun, nicht genug oder nicht gut genug sein könnte, die wird schon in der Bibel laut.

Schon damals hatten sie Angst, dass es nicht genug wäre, was sie taten. Und dass Gott unzufrieden mit ihnen wäre.

Das kam heraus, als Jesus sie ermutigen wollte, zu beten. Sie trauten sich nicht. Sie mögen gedacht haben: »Wieso soll Gott mir geben, worum ich ihn bitte? Wie oft schlage ich eine Bitte ab oder kann oder will sie nicht erfüllen?«

Kommt Ihnen das bekannt vor? Wie oft sagen Sie: »Ich habe keine Zeit, ich kann nicht«.

Oder es fällt Ihnen am Abend ein, was Sie eigentlich noch vorhatten und doch nicht getan haben.

Jesus stellt eine verblüffende Frage: »Wer ist unter euch Menschen, der seinem Sohn, wenn er ihn bittet um Brot, einen Stein biete? Oder, wenn er ihn bittet um einen Fisch, eine Schlange biete?« (Mt 7,9f.)

Natürlich keiner. Jeder würde seinem Kind Brot geben, wenn es hungrig ist, damals wie heute. »Wenn nun ihr, die ihr doch böse seid, dennoch euren Kindern gute Gaben geben könnt, wie viel mehr wird euer Vater im Himmel Gutes geben denen, die ihn bitten!« (Mt 7,11)

Wie viele Bitten sind es, die Sie Tag für Tag selbstverständlich erfüllen? »Könnten Sie mal bitte …?« »Schwester, ich brauche …« Und Sie sagen: »Aber natürlich.«

Denken Sie daran, wenn es Sie wieder unzufrieden macht oder sogar quält, dass es nie genug ist, was Sie tun.

»Ihr gebt gute Gaben«, sagt Jesus.

Obwohl wir nicht perfekt und manchmal nicht einmal gut oder auch nur gutwillig sind. Ihr gebt gute Gaben.

Also weiter so: Tun Sie Ihre Arbeit. Geben Sie, was Sie können. Darauf können die vertrauen, die hierherkommen.

Und gemeinsam können wir hoffen und glauben: Wie viel mehr wird unser Vater im Himmel Gutes geben denen, die ihn bitten.

Doris Schäfer

*Altenpflegerin, seit 1991 bei der
Evangelischen Altenhilfe Gesundbrunnen*

»Den Tag gestalten – das Große im Kleinen entdecken.«

*Oft ist die Freude groß, wenn das Gewohnte wieder
eingeübt oder erhalten wird: ein Brot kann wieder
selbst zubereitet werden, das Laufen geht besser.*

Sag niemals nein?

Menschen erwarten viel von der Altenpflege. Das ist eigentlich schön, ein Beweis von Vertrauen. Das tun sie natürlich auch in dem Bewusstsein, dass die Pflege in einer stationären Einrichtung viel Geld kostet. Und dazu kommt dann in einer diakonischen Einrichtung die Erwartung von Zuwendung und Nächstenliebe.

Und dann kommt es zu schwierigen Situationen, wenn Menschen sich eingeladen fühlen, jeden Wunsch und jeden Anspruch und jede Anforderung an die Pflegekräfte zu richten, weil sie doch viel Geld für die Leistung bekommen und außerdem Menschlichkeit pflegen sollen.

Das ist für die Mitarbeitenden in den Häusern oft nicht leicht.

Manchmal kommt es auch zu komischen Situationen. Wenn zum Beispiel eine neue Bewohnerin als Erstes einen Aquavit bestellt. Schließlich hat ihre Tochter ihr versprochen: »Das wird schön für dich im Heim. Da ist es wie im Hotel.«

Ein ernsthafteres Thema ist die Frage der Begleitung bei Arztbesuchen. Das Problem kennen in den Häusern sicherlich viele: Bei einer knappen Besetzung mit Pflegekräften ist es nicht möglich, zu Arztbesuchen in der Stadt eine Begleitung zu stellen. In dem Rahmenvertrag, den die Einrichtungen der Pflege mit dem Land haben, ist auch nur davon die Rede, dass die Einrichtung dabei behilflich sein soll, einen Arztbesuch zu planen und zu organisieren. Trotzdem gehen Bewohnerinnen und auch Angehörige selbstverständlich davon aus, dass das Heim für wirklich alle Belange zuständig ist und dafür auch jederzeit Personal zur Verfügung stellen kann.

Für die Mitarbeitenden ist es eine sehr unangenehme Situation, wenn eine Bitte an sie gerichtet wird, der sie nicht entsprechen können. Sie setzen sich dann dem Vorwurf aus ungefällig zu sein oder den Anspruch, Menschlichkeit zu pflegen, nicht zu erfüllen.

Wie ist das nun also: Darf man in einem diakonischen Pflegeheim niemals nein sagen?

Ich möchte Ihnen zwei biblische Geschichten in Erinnerung rufen, die mit diesem Thema zu tun haben. Die erste Geschichte beginnt damit, dass jemand darauf hofft, auch die Nächstenliebe müsse doch ihre Grenzen haben. Er wünscht sich, dass Jesus eindeutig sagt, der oder der, das ist nicht dein Nächster, um den musst du dich nicht kümmern. Und deshalb fragt er: »Wer ist denn mein Nächster?« (Lk 10,29) Jesus erzählt als Antwort das Gleichnis vom barmherzigen Samariter (Lk 10,30–37).

Diese Geschichte handelt davon, dass ein Mensch von Räubern überfallen wurde und verletzt am Wegrand liegt. Dann kommen mehrere Menschen vorbei, die sich nicht für ihn zuständig fühlen, die für sich also entschieden haben: »Ich kann jetzt nicht. Das ist nicht mein Nächster.« Dann kommt der Samariter, der den Verletzten sieht, der eine Erstversorgung macht und der ihn dann in einem Gasthaus unterbringt, damit er gesund gepflegt werden kann. Am Ende der Geschichte fragt Jesus: »Wer ist denn jetzt für den, der unter die Räuber gefallen war, zum Nächsten geworden?« Und alle Zuhörer müssen antworten: »Der Samariter.«

Diese Erzählung sagt uns also, wenn jemand ganz offensichtlich in Not ist und unsere Hilfe braucht, dann gibt es kein nein. Jedenfalls nicht, wenn wir das Gebot der Nächstenliebe ernst nehmen. Dann darf man auch nicht unterscheiden, der gehört zu meinem Volk oder zu meinem Zuständigkeitsbereich oder zu meiner Familie. Dann geht es nur darum, einen blutenden und verletzten Menschen vor dem Schlimmsten zu retten.

Und dann gibt es eine andere Geschichte. Auch hier erzählt Jesus ein Gleichnis, von den klugen und den törichten Jungfrauen. Die Geschichte handelt davon, dass in der Vorbereitung einer Hochzeit junge Frauen die Aufgabe übernommen haben, sich mit Lampen bereitzuhalten, um den Hochzeitszug, wenn er ankommt, mit Lichtern zu geleiten (Mt 25,1–13).

Es dauert länger als erwartet, bis der Hochzeitszug kommt. Die jungen Frauen sind vor Müdigkeit eingeschlafen. Und als nun die Nachricht kommt, dass sich der Hochzeitszug nähert, zünden sie alle ihre Lampen an. Dabei stellt sich heraus, dass die einen Lampen bei sich haben und auch Öl zum Nachfüllen, so dass sie ihre Aufgabe gut erfüllen können. Andere aber haben nicht für einen Ölvorrat gesorgt und sind nun nicht mehr in der Lage, ihre Lampen zum Leuchten zu bringen. In dieser Situation fragen und bitten diejenigen, die kein Öl mehr haben, die anderen darum, ihnen doch etwas abzugeben.

Und an dieser Stelle kommt es, für das Neue Testament sehr außergewöhnlich, von Seiten der anderen Frauen zu einem ganz klaren nein. Sie begründen dieses nein auch: »Wenn wir euch jetzt von unserem Öl abgeben, dann reicht es für alle Lampen nicht mehr und der Zug kann nicht im Licht geleitet werden«. Am Ende des Gleichnisses werden die jungen Frauen, die die Bitte abgeschlagen haben, gelobt für ihr kluges Verhalten.

Wie gesagt, das ist im Zusammenhang des Neuen Testament eine ungewöhnliche Geschichte, weil wir eigentlich meinen, wenn uns jemand um irgendetwas bittet, sollten wir im Sinne Jesu diese Bitte erfüllen.

Man muss also gut unterscheiden. In der zweiten Geschichte verweist Jesus darauf, dass von uns erwartet wird, dass wir Aufgaben, die wir übernommen haben, sehr zuverlässig und treu erfüllen. Wenn die jungen Frauen das Öl verteilt hätten, hätten tatsächlich die Lampen nicht mehr für den Zug ausgereicht. Die Aufgabe wäre nicht erfüllt worden.

Wie ist das nun also in der Pflege?

Wenn Pflegekräfte im Dienst eingeteilt sind in einem Wohnbereich und die Aufgabe haben, Bewohnerinnen und Bewohner dort zu versorgen, können sie dies natürlich nicht, wenn sie das Haus wegen der Bitte eines Einzelnen für längere Zeit verlassen. Das heißt, die an sie gerichtete Bitte stellt Ihre eigentliche Aufgabe infrage.

Auf diesem Hintergrund müssen Pflegekräfte auch das Recht und sogar die Pflicht haben, nein zu sagen, wenn ein ja die Erfüllung ihrer Aufgabe behindert.

Was ist nun zu tun? Beide Geschichten stehen in der Bibel.

Die erste Geschichte legt nahe: »Auch wenn du gerade etwas anderes vorhattest: Wenn ein Mensch in Not ist, erweise dich als der Nächste, indem du hilfst und dann vielleicht zu spät dorthin kommst, wohin du gehen wolltest.«

Die zweite Geschichte legt nahe: »Wenn du eine Aufgabe übernommen hast, bist du auch dafür verantwortlich, dafür zu sorgen, dass du sie erfüllen kannst. Lass dich davon nicht durch eine Bitte abbringen, die das ganze Unternehmen gefährden würde.«

Aus beiden Geschichten lässt sich kein Gesetz machen.

Nicht jede Bitte bedeutet höchste Not, wie die eines Verletzten, der in seinem Blute liegt. Also ist es auch erlaubt oder manchmal sogar geboten, nein zu sagen, um die Aufgabe zu erfüllen, die einem aufgetragen ist.

Auf der anderen Seite werden Pflegekräfte jeden Tag damit konfrontiert, dass bestimmte Bitten ihre Arbeit unterbrechen. Wenn z. B. eine Bewohnerin dringend zur Toilette begleitet werden möchte. Das ist durchaus eine persönliche Not, auf die reagiert werden sollte. Auch wenn damit andere notwendige Handlungen unterbrochen werden, die jemand eigentlich durchführen wollte.

Es gibt in diesem Zusammenhang keine eindeutige und immer anwendbare Regel in dem Sinne: »Hier musst du immer ja sagen oder in diesem oder jenem Fall musst du immer nein sagen.«

Es wird uns zugetraut und auch zugemutet, dass wir Tag für Tag selbst entscheiden, wo es die Nächstenliebe gebietet, übrigens auch die Fachlichkeit, einer Bitte zu entsprechen, auch wenn sie zur Unzeit kommt. Und wo auf der anderen Seite freundlich, aber bestimmt, auch einmal etwas abgelehnt werden muss, weil es andere Dinge in Gefahr bringt.

Es bleibt ein Übungsfeld Tag für Tag, Nächstenliebe zu üben und gleichzeitig unsere Verantwortung so wahrzunehmen, wie es uns aufgetragen ist.

Elsbeth Finke

*Hauswirtschaftsleiterin, seit 2003 bei der
Evangelischen Altenhilfe Gesundbrunnen*

»Wir reden miteinander.«

*Wenn eine sehr verschlossene alte Dame laut mitsingt
und ihre Fröhlichkeit sich auf mich überträgt, ist
Menschlichkeit pflegen für mich deutlich spürbar.*

Auditbericht, Pflegevisitenprotokoll, Qualitätsbericht: Alle bilden ab, was in einem Jahr in einem Alten- und Pflegeheim getan und entwickelt wurde.

Was haben die Pflegekräfte und die Mitarbeiterinnen in der Hauswirtschaft alles getan?

Pflegeplanung, Pflegedurchführung, Pflegedokumentation. Reinigungsplan, Reinigung, Reinigungsnachweise. Speiseplanung, Produktion und auch hier Kontrollen und Dokumentation.

Viele Gespräche werden in einem Jahr geführt: mit Bewohnerinnen, mit Angehörigen und Ärzten, Teamgespräche.

Und was ist dabei herausgekommen?

Wo kann man sehen, dass die Arbeit wirkt und Ergebnisse bringt?

An schlechten Tagen hat man das Gefühl, es habe alles nichts gebracht. Immer die gleichen Probleme, immer die gleichen Schwierigkeiten.

Was bringt's, was ich tue?

Bringt es überhaupt etwas?

Eine alte Frage.

Schon Jesus bekam sie gestellt. Da predigte er und erzählte vom Reich Gottes, wie es da sein sollte, wie Menschen im Reich Gottes leben würden – aber hatte sich schon irgendetwas verändert? Wo war denn das Reich Gottes? Alles nur Worte? Alles nur vergebliche Mühe?

Alles nur das Beschwören eines Wunschzustandes?

Jesus erzählt Gleichnisse vom Reich Gottes – als Antwort auf die Frage: Was bringt das eigentlich, was du tust?

Ein Gleichnis sagte er ihnen: Das Himmelreich gleicht einem Sauerteig, den eine Frau nahm und unter einen halben Zentner Mehl mengte, bis es ganz durchsäuert war. (Mt 13, 33)

Ein Satz nur. Und was sagt er?

Das Reich Gottes hat zu tun mit harter Arbeit, mit Warten und mit einer zuverlässigen, unsichtbar wirkenden Kraft. Das wird in dem einen Satz erzählt.

Die Frau muss Bäckerin sein, denn es ist eine beachtliche Menge Mehl, die sie verarbeitet.

Etwa 25 kg Mehl verwendet sie, knetet den Sauerteig mit etwas Wasser unter und lässt ihn ruhen. Am nächsten Morgen wird sie weitere 50 kg dazukneten. Eine harte Arbeit. Auch dieser Teig ruht, bevor sie schließlich rund 90 Brote formen wird.

Und all das soll mit dem Reich Gottes vergleichbar sein:

Die harte Arbeit, das Warten und das kraftvolle Wirken des Sauerteigs. Die Frau leistet Schwerstarbeit und wartet dann auf die Wirkung des Sauerteigs.

Übertragen auf das Reich Gottes: Arbeiten mit aller Kraft und dann auf die Wirkung vertrauen. In dem Glauben, dass Gott den Sauerteig wirken lässt, wie er Pflanzen wachsen und Menschen sich entwickeln lässt.

Und am Ende duftet das Reich Gottes nach frischem Brot.

Ich wünsche Ihnen Geduld zum Warten und das Glück, die Wirkung und die Spuren Ihrer Arbeit zu entdecken.

Manchmal ist es ein Stück Papier, ein Zeugnis oder Zertifikat nach einer langen Weiterbildung. Manchmal ist es ein Einweihungstag, nachdem man ein bestimmtes Projekt für einen Wohnbereich lange vorbereitet hat. Manchmal mag es sogar ein Auditbericht sein, der die Verbesserungen in einem Bereich spiegelt, für den man sich sehr eingesetzt hat.

Manchmal die Genesung einer Bewohnerin, um die man sich gemeinsam viele Gedanken gemacht hat, manchmal die positive Entwicklung im Team, um die man sich sehr bemüht hat.

Es gibt diese Spuren und ich wünsche Ihnen, dass Sie sie entdecken und sich an ihnen freuen können. Und lassen Sie sich in den Zeiten, in denen Sie noch nichts entdecken können, von Jesus trösten. Auch, wenn man noch nichts sieht: Das, was Sie tun, wird wirken wie der Sauerteig und es geht Ihnen dabei wie dem Reich Gottes, das auch nicht immer sichtbar ist, von dem Jesus aber verspricht, dass es sicher kommt.

Zeit

Keine Zeit.

Wie kann das sein, dass das so oft unser Eindruck ist?

Jeder Tag hat 24 Stunden, jede Woche sieben Tage. Daran hat sich nichts geändert.

Und doch haben wir keine Zeit. Zu viele Termine, zu viel Bürokratie. Das wurde in einer Studie festgestellt – und Mitarbeiter in der Pflege wie in der Verwaltung können ein Lied davon singen.

Wir haben immer weniger Zeit, über die wir noch frei verfügen können. Ganz genau wissen wir schon vorher, was wir an jedem Tag dieser Woche tun werden.

Und dazu fällt uns täglich ein, was wir noch alles tun müssten oder könnten. Keine Zeit.

Und dann trauern wir manchmal der Vergangenheit nach.

Gab es nicht bessere Zeiten? In denen wir uns nicht so gehetzt fühlten; in denen nicht jeder Tag, jede Stunde so verplant war. Auch wenn wir es damals gar nicht zu schätzen wussten: War es nicht gut? War es nicht besser als heute?

Als es noch keine so ausgefeilte Pflegeplanung und Pflegedokumentation gab. Als wir noch nicht jede Besprechung protokollieren und mit Maßnahmenplänen versehen mussten.

Oder wir träumen von der Zukunft. Wir sind nicht zufrieden mit dem, was wir heute und morgen vor uns haben. Wir wünschen uns lieber etwas Entferntes.

Im Winter: »Wenn erst der Dezember mit all den Festvorbereitungen vorbei ist, wird es vielleicht besser. Dann ist wieder mehr Luft, mehr Zeit, vielleicht.«

Im Frühjahr hofft man auf den Urlaub.

Und wer darauf nicht mehr setzt, freut sich schon lange vorher auf den Ruhestand. Aber Vorsicht: Das kann noch sehr lange hin sein bis zum 67. Lebensjahr.

Und schon wieder ist Zeit vergangen mit dem Trauern um frühere Zeiten oder dem Träumen von der Zukunft.

Dabei ist das Einzige, was wir haben, die Gegenwart.

Die Vergangenheit ist vorbei. Nichts lässt sich zurückholen.

Auch auf die Zukunft haben wir heute keinen Einfluss.

Wir können nicht einmal sicher wissen, wie viel Zukunft jeder von uns noch haben wird.

Deshalb gilt: Wem die Gegenwart entgeht, dem entgeht das ganze Leben. Wir können die Gegenwart verfehlen.

In der Bibel gibt es immer wieder Warnungen, sich in das Denken an Vergangenheit und Zukunft zu verlieren:

Für den, der im Abschiedsschmerz über Vergangenes verharrt: »*Wer seine Hand an den Pflug legt und sieht zurück, der ist nicht geschickt für das Reich Gottes.*« *(Lk 9,62)*

Für den, dessen Denken und Planen sich vor allem auf die Zukunft richtet: »*Du Narr! Diese Nacht wird man deine Seele vor dir fordern.*« *(Lk 12,20)*

Oder, etwas weniger drastisch: »*Sorgt nicht für morgen, denn der morgige Tag wird für das Seine sorgen. Es ist genug, dass jeder Tag seine eigene Plage hat.*« *(Mt 6,34)*

Die wichtigste Zeit ist die Gegenwart.

Deshalb sollten wir gleich anfangen mit dem, was wichtig ist. An jedem Tag.

In diesem Zusammenhang sind Tourenpläne und Stecktafeln im Dienstzimmer gar nicht schlecht. Sie zeigen, wie viele Viertelstunden es in einem Arbeitstag gibt. Und da sind auch die Zeiten, wo »Pause« steht.

Es muss die Zeit geben zum Durchatmen, zum Zusichkommen, auch dazu, die Kollegin etwas zu fragen oder ihr etwas zu sagen, was ich mir vorgenommen hatte.

Es muss die Zeit geben und wir müssen uns die Zeit nehmen, denn nur auf die Gegenwart haben wir Einfluss.

Auch die Zeiten für Betreuung sind hier vorgesehen. Die Zeiten, von denen wir meinen, dass Bewohner und Bewohnerinnen sie brauchen und die wir ihnen immer gerne geben wollten, wenn Zeit wäre …

Wahrscheinlich wünscht sich niemand für zuhause eine solche Stecktafel. Das wäre auch komisch.

Aber, was ich Ihnen wünsche ist, dass Sie sich auch für Ihren Zeitplan für zuhause solche Zeiten vorsehen wie »Pause« und »Betreuung«, das heißt, Zeit für sich selbst und Zeit für andere und mit anderen. Zeit, zu sich zu kommen und Zeit, zu Gott zu kommen.

»Siehe, jetzt ist die Zeit der Gnade,
siehe, jetzt ist der Tag des Heils!« (2 Kor 6,2)

Das schreibt der Apostel Paulus an die Gemeinde in Korinth.
Und zwar in einer Zeit, in der er sehr viel zu tun hatte. Und es ging ihm nicht einmal besonders gut. Er wurde verfolgt und angegriffen. Und trotzdem erlebt er Gnade und Heil, *in* seiner Gegenwart, nicht erst in zukünftigen besseren Zeiten. 24 Stunden am Tag, sieben Tage die Woche: Mehr Zeit war nie.
Und in diese Zeit fallen Gnade und Heil.
Wenn wir es zulassen und bereit sind, sie aufzunehmen.

Es ist dir gesagt, Mensch, was gut ist

»Es ist dir gesagt, Mensch, was gut ist und was der Herr von dir fordert, nämlich Gottes Wort halten und Liebe üben, und demütig sein vor deinem Gott.«
(Mi 6,8)

»Ich möchte mit Menschen arbeiten«, sagen viele junge Menschen, die sich für einen Pflegeberuf entscheiden. Vielleicht können sie sich am Anfang noch nicht so richtig vorstellen, was das bedeutet.

Erfahrene Altenpflegerinnen könnten es erklären.

Sie erbringen eine Dienstleistung, die sich direkt auf Menschen bezieht. Sie helfen alten Menschen und unterstützen sie bei Tätigkeiten des persönlichen Lebens, sie pflegen und sie unterstützen sie dabei, die Zeit sinnvoll zu strukturieren. Das verlangt große Sorgfalt und Achtung voreinander, jemandem nahekommen und doch nicht zu nahetreten. Jemandem helfen und gleichzeitig respektieren, dass auch ein Hilfsbedürftiger das Recht auf Selbstbestimmung hat.

Das ist altersunabhängig, jeder von uns weiß das, der sich an seine Kindheit oder die eigenen Kinder erinnert oder daran, wie abhängig man plötzlich ist, wenn man krank ist.

Personenbezogene Dienstleistung ist eine anspruchsvolle Aufgabe – und jeder von uns kann beurteilen, wo sie gelingt und wo nicht.

Was bedeutet es nun, diese Aufgabe in einem Haus der Diakonie zu übernehmen?

Sind wir anders, besser? Nicht unbedingt. Auch andere können pflegen, auch gut pflegen.

Aber wenn wir wollen, können wir selbst uns helfen lassen, bei dem, was wir tun.

Wir können uns helfen lassen bei der Frage, was wir tun sollen und wie wir es tun sollen.

»Es ist dir gesagt, Mensch, was gut ist und was der Herr von dir fordert, nämlich Gottes Wort halten und Liebe üben, und demütig sein vor deinem Gott«, sagt der Prophet Micha im Alten Testament.

Gottes Wort halten und Liebe üben. Das ist ein und dasselbe. Liebe üben hat nicht in erster Linie etwas mit dem Gefühl der Liebe zu tun. Das ist sehr praktisch gemeint: Liebe üben. Das, was notwenig ist, tun; das, was Menschen hilft; das, was jemand braucht. Nicht gleichgültig sein, sondern aufmerksam.

Hungrige speisen, Nackte kleiden, Kranke pflegen, Einsame besuchen, Fremden Gastfreundschaft gewähren.

Das sind die Werke der Liebe. Immer wieder erinnert die Bibel uns daran: Denk daran, das könntest du sein. Was würdest du dir dann wünschen?

So sind wir selbst unser wichtigstes »Instrument«.

»Was ihr wollt, dass euch die Leute tun sollen, das tut ihnen auch.« (Mt 7,12)

Dann das zweite: Demütig sein vor deinem Gott. Das klingt so, als sollten wir uns klein fühlen. Ich verstehe es anders.

Demütig sein vor Gott, d.h. anerkennen, dass Gott Gott ist und dass wir Menschen sind. Wir wissen, was gut ist und was wir eigentlich tun sollen. Und wir machen Fehler und manchmal machen wir uns auch schuldig oder bleiben jemandem etwas schuldig. Wie sollen wir damit fertig werden?

Wir wussten doch, was wir tun sollten.

Und wie werden wir damit fertig, wenn bei allen unseren Bemühungen, beim besten Willen doch nicht verhindert werden kann, dass es Menschen auch schlechter gehen kann, dass sie traurig und krank sind, dass sie sterben?

Wir haben Grenzen. Und in der Diakonie sollten wir das wissen.

Das ist eine Hilfe. Sich nicht zu überfordern, sich auch nicht zu überheben in einer Art Größenwahn, alles sei machbar.

Demütig sein vor Gott heißt, die eigenen Grenzen anerkennen. Und sich darauf verlassen, dass jenseits unserer Grenzen Gott ist. Der vergeben kann, der heilen kann und trösten. Dem wir uns anvertrauen können, im Leben und sogar im Tod.

Dieser Glaube kann uns helfen, mit Menschen zu arbeiten, bis zum Ende ihres Lebens.

Auf den Schirm kommt es an.

Eine Frau unter einem Schirm. Ein normales, ein alltägliches Bild. Das heißt, nicht ganz normal und auf keinen Fall alltäglich.

Denn diese Frau wird von ihrem Schirm nicht vor Regen und Schnee geschützt. Im Gegenteil: Die Wolken türmen sich im Inneren ihres Schirmes. Ringsherum ist es trocken. Nur auf sie fällt der Regen – aus ihrem eigenen Schirm. Für diese Frau wird es überall regnen, egal, wohin sie kommt. Egal, ob Frühjahr, Sommer, Herbst oder Winter. Ihr Himmel ist grau. Egal, ob für die anderen die Sonne scheint. Für sie regnet es.

Julia Drinnenberg hat dieses Bild gezeichnet. Sie ist Karikaturistin und nennt ihr Bild »Depression«.

Das gibt ihm bei aller Komik eine sehr ernste Note. Denn auf einfache Weise hat die Zeichnerin das Problem dieser Krankheit dargestellt. Da trägt ein Mensch seine Bedrückung, seine Niedergeschlagenheit mit sich herum. Sie hat nur wenig mit der Außenwelt zu tun. Und es ist schwer, von außen durchzudringen. Und umgekehrt fällt es einem depressiven Menschen ungeheuer schwer, wahrzunehmen, was um ihn herum stattfindet, ob es irgendwo auch wieder heller wird und sich eine Besserung abzeichnet. Eben jemand, über dem ein dichter grauer Regenschleier liegt, der nicht aufreißt. Wie gesagt, das ist die ernste Seite dieser Zeichnung.

Abgesehen von dem Titel »Depression« ist das Bild der Frau mit ihrem regnenden Schirm sehr witzig. Und manchmal erkenne ich mich auch in ihr.

Wenn ich finde: »Das ist nicht mein Tag. Heute kann einfach nichts klappen. Versucht nicht, mir irgendetwas Positives zu erzählen. Was schiefgehen kann, wird schiefgehen …«

Depression

Jeder ist seines Glückes Schmied, sagt ein Sprichwort. Jeder ist sein eigener Regenmacher, zeigt das Bild von Julia Drinnenberg. Es kommt ganz auf den Schirm an. Und vermutlich hat jeder von uns auch so einen Schirm im Gepäck. Den Schirm für Dauerregen und düstere Aussichten. Es kann uns dann zwar kein schlechtes Wetter mehr überraschen. Schlechter geht's ja nicht. Aber eine Wetterbesserung ist leider auch nicht vorgesehen.

»Bestimmt regnet's wieder … Hab' ich doch gesagt.«

Auf den Schirm kommt es an.

»Unter deinem Schirmen bin ich vor den Stürmen aller Feinde frei.
Lass den Satan wettern, lass die Welt erzittern, mir steht Jesus bei.
Ob es jetzt gleich kracht und blitzt, ob gleich Sünd und Hölle schrecken,
Jesus will mich decken.«[11]

So dichtet Johann Franck 1653 für das Gesangbuch.
Und noch viel früher der Psalmdichter:

»Wer unter dem Schirm des Höchsten sitzt und unter dem Schatten des All-
mächtigen bleibt, der spricht zu dem Herrn: Meine Zuversicht und meine
Burg, mein Gott, auf den ich hoffe.« (Ps 91,1)

Oder:

»Seine Wahrheit ist Schirm und Schild, dass du nicht erschrecken musst vor
dem Grauen der Nacht, vor den Pfeilen, die des Tages fliegen, vor der Pest ,
die im Finstern schleicht, vor der Seuche, die am Mittag Verderben bringt.
Denn der Herr ist deine Zuversicht, der Höchste ist deine Zuflucht.
Es wird dir kein Übel begegnen, und keine Plage wird sich deinem Hause
nahen.« (Ps 91,4c.5.6.9.10)

Schirm und Schild. So beschreiben die Glaubensdichter den Schutz Gottes. Sie fürchten mehr als Schnee und Regen. Und wollen sich doch nicht
unterkriegen lassen. Sie erleben, wie sie unter dem Schutz und Schirm
Gottes auch schweres Wetter überstehen.

Auf den Schirm kommt es an.
Und es ist zu wünschen, dass wir den richtigen haben.

---

11 Jesu, meine Freude, Strophe 2, EG Nr. 396.

Schuldgefühle

Auf wie viele Schuldgefühle kommen Sie in 30 Minuten?

Florian Illies meldet eine persönliche Bestleistung von sechzehn Schuldgefühlen auf 12 km Fahrstrecke.[12] Das beginnt mit seinem schlechten Gewissen, weil er überhaupt Auto fährt und nicht das Rad nimmt, über Schuldgefühle wegen zu schnellen Fahrens in der Tempo-30-Zone, gleichgültiges Vorbeifahren an einem Tramper bis zu wahllos durch optische Reize ausgelöste Gedanken und Erinnerungen:

- Wahlplakat – gestern war Europawahl und ich war nicht da;
- Zahnarztpraxis – seit zwei Jahren war ich nicht zur Kontrolle;
- Videothek – seit vier Wochen ist ein Video überfällig, das immer noch im Wohnzimmer liegt.

Wie gesagt, 16 Schuldgefühle auf 12 km.

Illies ist darüber ins Grübeln gekommen, wieso er einen Großteil des Tages mit mehr oder weniger massiven Schuldgefühlen verbringt und hat ein Buch geschrieben:

Anleitung zum Unschuldigsein. Am Ende eines jeden Kapitels empfiehlt er in drastischen Übungen eine entsprechende »Desensibilisierung« – eine Anleitung, sich nicht mehr für alles und jedes schuldig zu fühlen.

Dieses Buch ist ausgesprochen witzig und erreichte in kurzer Zeit die Bestsellerliste.

Es ist so witzig, weil man sich dauernd ertappt fühlt oder wiedererkennt mit den eigenen Lieblings-Schuldgefühlen.

Ich bin sicher, es ließen sich etliche Kapitel mit berufstypischen Schuldgefühlen ergänzen.

Ist es nicht schrecklich, dass man nie alles schafft, nie allen gerecht wird, eigentlich viel mehr tun müsste? Oder keine Lust hat, sich die Klagen der Kollegin anzuhören, die so gestresst aussieht? Und gestern schnell ins Treppenhaus abgebogen ist, als zum dritten Mal an diesem

---

12 Florian Illies, Anleitung zum Unschuldigsein. Berlin 2001.

Tag die Bewohnerin auftauchte, die einen immer mit Beschlag belegt? Ist es nicht schrecklich?

Die Schuldgefühle scheinen einer Quelle zu entspringen, die nie versiegt.

Möglicherweise handelt es sich dabei um ein sehr deutsches Phänomen und dann auch noch um eine sehr protestantisch geprägte Variante. Als hätten wir irgendetwas falsch verstanden.

Wir sind Sünder allzumal – müssen uns also dauernd schuldig und schlecht fühlen?

Eine Einladung zur Dauerdepression?

Wie schrecklich … Wieder ein Grund, ein schlechtes Gewissen zu haben? Stop!

Bekämpfen wir die protestantischen Schuldgefühle mit dem Begründer des Protestantismus, Martin Luther. Der war Spezialist in Sachen Sünde und Schuld – und wohl auch Schuldgefühle. Was kann man überhaupt noch tun, was soll man sich zutrauen, wenn man doch immer nur schuldig werden kann?

Luthers Antwort: Sündige tapfer!

Also keine Anleitung zum Unschuldigsein, sondern eine Ermutigung dazu,

zu leben und zu arbeiten und schuldig zu werden – weil sich das gar nicht vermeiden lässt –.

Also: Sündige tapfer.

Ein feste Burg ist unser Gott – eine Kampfansage an den Tod (Römer 8, 31–39)

Die Geschichte der evangelischen Kirche beginnt mit Martin Luther.

Konfirmanden lernen seinen kleinen Katechismus, die Bibelübersetzung geht auf ihn zurück und im Gesangbuch finden sich einige seiner Lieder. Inzwischen ist er sogar zum Filmhelden geworden. Der Film zeigt Martin Luther als einen Mann, der zu seinen Überzeugungen steht, obwohl sein Leben bedroht ist. »Ich werde nicht widerrufen. Hier stehe ich. Ich kann nicht anders.«

Eine Schlüsselszene im Film wie in der Geschichte der Reformation, längst von Legenden überwuchert. Standhaft und kämpferisch wird Luther dargestellt.

Zu Kämpfen und blutigen Kriegen hat die Reformation in Mitteleuropa auch geführt. Und es ist der Eindruck entstanden, als sei Luther so eine Art Glaubenskrieger gewesen. Und als müsste das zu jeder Zeit so sein, dass um den Glauben gestritten wird. Die einen bedauern es, dass die evangelische Kirche heute so wenig kämpferisch wirkt. Andere lehnen den ganzen Protestantismus ab, weil Luther ihnen wie ein fanatischer und rücksichtsloser Glaubenskämpfer erscheint.

Einige finden das bestätigt in seinem bekanntesten Lied: Ein feste Burg ist unser Gott. Es hat den Ruf eines Kampfliedes. Luther hat es dem Psalm 46 nachgedichtet.

Und in der Tat: auch in diesem Psalm ist viel von Kampf und Krieg die Rede. Sogar in einer kosmischen Dimension, vom Untergang der Welt und vom Wüten des Meeres, aber auch von den Kriegen, die Menschen führen.

Ausgangspunkt und Ziel ist jedoch die Hoffnung und Überzeugung, in Gott Schutz zu finden gegen die übermächtige Bedrohung:

»*Gott ist unsre Zuversicht und Stärke,*
eine Hilfe in den großen Nöten, die uns getroffen haben.«
So beginnt das Gebet.

»*Der Herr Zebaoth ist mit uns,*
der Gott Jakobs ist unser Schutz.«
So endet es.

Was macht Luther daraus?

Auch für Luther ist die Welt voller Kampf.

Und Gott bietet Schutz und Verteidigung – wie eine Burg, wie Mauern und Rüstungen und Waffen. Und das ist auch nötig, denn der Feind ist der Teufel, der die Menschen mit dem Tod bedroht.

Wie sollten Menschen gegen diesen Feind bestehen?

Das Feld muss er behalten. Das erinnert an den Römerbrief:

»*Wer will verdammen? Christus Jesus ist hier, der gestorben ist, ja vielmehr, der auch auferweckt ist, der zur Rechten Gottes ist und uns vertritt.*« (Röm 8,34)

»*Es streit für uns der rechte Mann …*«

Und so beharrt Luther darauf: Der Kampf ist entschieden. Das sagt keiner, der selbst jenseits aller Furcht wäre. Im Gegenteil: Es gab so viel, wovor man sich fürchten konnte damals. Vor Hunger und Not und Verfolgung, vor Verhaftung und Hinrichtung, vor der Gewalt der Natur, Blitz, Donner, Sturm und Wasser, vor dem eigenen Tod und vor dem Tod derer, die man liebte. Ja, auch davor.

Die 4. Strophe beschreibt, was Menschen fürchten: »*Nehmen sie den Leib, Gut, Ehr, Kind und Weib.*«[13]

Diese Strophe wird nicht gern gesungen. Weil man unwillkürlich stockt nach dieser Aufzählung, wenn es heißt: *Lass fahren dahin …*

Als wäre das eine Aufforderung, sich nicht zu sehr zu binden an Gut und Ehr und auch nicht an Weib und Kind, nicht einmal an das eigene Leben. Als sei das nicht wichtig, als dürfe sich ein Glaubensheld nicht fürchten.

Wer mag das singen?

Vielleicht ist das zu schnell geurteilt und falsch verstanden. Luther jedenfalls äußert sich in ganz anderem Sinn.

---

13 Ein feste Burg ist unser Gott, EG Nr. 362.

In seinen Briefen erleben wir Luther als Vater, Ehemann und Freund, der den Tod seiner Lieben fürchtet, beweint und nach Trost sucht.[14]

So schreibt er an einen Freund, bei dem sich sein Sohn zur Ausbildung aufhält:

»Mein lieber Markus Crodel! Ich bitte dich, meinem Sohn Johannes zu verheimlichen, was ich dir schreibe: Meine Tochter Magdalene liegt beinahe in den letzten Zügen und wird bald dahingehen zu ihrem wahren Vater im Himmel, wenn es Gott nicht anders beschlossen hat. Aber sie verlangt so sehr danach, ihren Bruder zu sehen, dass ich einen Wagen schicken muss. Sie haben einander sehr lieb gehabt – vielleicht kann sie durch seine Ankunft wieder Leben schöpfen …« (S. 238)

Der Tod der Tochter ist nicht aufzuhalten und Luther berichtet einem anderen Freund darüber: *»Ich vermute, dass die Nachricht zu dir gelangt ist, dass Magdalene, meine von Herzen geliebte Tochter, wiedergeboren ist zum ewigen Reich Christi. Und obwohl ich und meine Frau nur fröhlich Dank sagen sollten für ihren so glücklichen Heimgang und ihr seliges Ende, … so ist doch die Macht der natürlichen Liebe so groß, dass wir es ohne Schluchzen und Seufzen des Herzens, … nicht vermögen. … Sage du darum Gott Dank an unserer Statt.« (An Justus Jonas, S. 240)*

Drei Monate später stirbt die Frau dieses Freundes und Luther schreibt ihm erneut:

»Ich weiß überhaupt nicht, was ich schreiben soll, so hat mich dieser dein plötzlicher Schicksalsschlag niedergeschmettert. Wir alle haben eine überaus geliebte Lebensgefährtin verloren … Von ungeheurem Schmerz bin ich geschlagen, wenn ich ihres überaus freundlichen Wesens, ihrer angenehmen Art, ihres so treuen Herzens gedenke. Es ist der Schmerz über den Verlust einer solchen Frau, die durch Frömmigkeit und Ehrbarkeit, Zucht und Freundlichkeit hervorstach, der bei mir solches Schluchzen hervorbringt. Was er bei dir hervorbringen mag, kann ich an meinem Fall leicht ermessen. Das Fleisch hat hier keinen Trost, man muss zum Geist gehen …« (An Justus Jonas, S. 243)

---

14 Martin Luther, Ausgewählte Schriften, hg. von K. Bornkamm u. G. Ebeling; Band 6: Briefe, ausgewählt u. übersetzt von J. Schilling. Frankfurt am Main 1982.

Luther ist nicht der Mann, der unangefochten dazu aufruft, Leib, Gut, Ehr, Kind und Weib dem Glaubenskampf zu opfern. Er fürchtet diese Verluste. Und er fürchtet, dass es fast unmöglich ist, sich zu trösten.

Wenn sein Lied ein Kampflied ist, dann in der Weise, dass er sich und andere ermutigt, dem Tod zu trotzen, obwohl er ihn fürchtet.
Lass fahren dahin heißt: Ihr könnt sie nicht festhalten, so sehr ihr es wollt.
Und dann kommt sein »dennoch«: *Sie haben's kein Gewinn.*
Tod und Teufel werden nicht gewinnen. Auch wenn wir sterben müssen und die, die wir lieben. Das ist nicht das letzte Wort. *Das Reich muss uns doch bleiben.*

Das ist kein Kampflied gegen die irdischen Feinde, in dem Sinne: »Ihr könnt' mir gar nichts …« Es ist eine Kampfansage an Tod und Teufel – und darin ein Trost:
… sie haben's kein Gewinn. Das Reich muss uns doch bleiben

Seid klug! – Damit ihr nicht unglücklich werdet.

Immer wieder ermahnt und ermutigt Jesus seine Zuhörer, klug zu sein.

Er erzählt, wie wichtig es ist, wenn ein Bauherr klug ist: »*Wer diese meine Rede hört und tut sie, der gleicht einem klugen Mann, der sein Haus auf Fels baute. Als nun ein Platzregen fiel und die Wasser kamen und die Winde wehten und stießen an das Haus, fiel es doch nicht ein, denn es war auf Fels gegründet.*«(Mt 7,24f.) Ein kluger Mann baut sein Haus auf Fels, dass es standhält, den Baugrund kann er auswählen, auf Wind und Wetter hat er keinen Einfluss.

Und auch ein Vorarbeiter mit Verantwortung für andere sollte klug sein: »Wer ist nun der treue und kluge Knecht, den der Herr über seine Leute gesetzt hat, damit er ihnen zur rechten Zeit zu essen gebe? Selig ist der Knecht, den sein Herr, wenn er kommt, das tun sieht.« (Mt 24,45f.) Ein kluger Knecht tut nach bestem Wissen, was ihm aufgetragen ist, wann der Herr kommt und Rechenschaft fordert, kann er nicht beeinflussen.

Und schließlich erzählt Jesus von klugen jungen Frauen bei einer Hochzeit:
Die klugen Jungfrauen nahmen Öl mit in ihren Gefäßen, samt ihren Lampen, und verteidigten es. Die klugen Jungfrauen bereiteten sich auf ihre Aufgabe vor, auf den genauen Zeitpunkt hatten sie keinen Einfluss (Mt 25,1–13).

Handelt nach bestem Wissen und tut, was ihr vermögt!
Achtet aber auch auf das, worauf ihr keinen Einfluss habt.

Das erinnert an einen alten Philosophen: Epiktet war Sklave gewesen und hatte erlebt, dass er fast keinen Einfluss auf das eigene Leben hatte. Und noch als Freigelassener und als Philosoph hatte er ein sehr feines Gespür für Freiheit und Abhängigkeit. Und so zog Epiktet den Schluss: Wir haben keinen Einfluss auf »Leib, Besitztum, Ansehen und Stellung«, auf das, was uns zufällt und widerfährt, auf das, was *andere* tun.[15] In unserer Gewalt aber sind »Meinung, Trieb, Begierde und Abneigung«, das also, was sich in unserem Kopf abspielt: Unsere Gedanken und Gefühle.

Epiktet behauptet: Darauf haben wir Einfluss: Auf das, was wir erwarten, was wir erstreben, was wir befürchten – und deshalb dann auch darauf, was wir »erleben«. Denn was wir erleben, hängt ab von dem, was wir erwarten und denken.

Was heißt dann eigentlich: Ich bin motiviert? Ich bin nicht motiviert? Ich bin frustriert? Was habe ich denn erwartet?

---

15 Epiktet, Handbüchlein der Ethik. Stuttgart 1958.

Es macht das Leben schwer, wir machen uns das Leben schwer, wenn wir gegen das ankämpfen, was wir nicht beeinflussen können oder darunter leiden.

Umso wichtiger ist es, auf das zu achten, was wir beeinflussen können.

Wann soll was geschehen?

Das muss geplant werden, denn es wird sich nicht von allein ergeben. Gerade in der Arbeit mit Menschen hängt viel von dem, was wir tun, von dem ab, was andere tun oder wollen.

Was nutzt es also, zu sagen: Ich komme zu nichts?

Die Abhängigkeit von anderen gehört zur Arbeit, auch die Störungen. Doch dann gibt es die Zeiten, manchmal nur kurz, die selbst gestaltet werden können.

Und dann ist man selbst dran: Worauf muss ich achten? Wozu *muss* ich heute kommen? Wofür bin ich verantwortlich?

Jesus ist streng gegen die Törichten, die behaupten, sie könnten nichts dafür, dass das Haus dem Wetter nicht standhielt oder das Öl in den Lampen ausgegangen war. Sie hätten vorsorgen können.

Für alles andere sind sie nicht verantwortlich, etwa dafür, wie das Wetter ist oder wie die Hochzeitsfeier letztlich verläuft. Da können sie gelassen sein.

Und das können auch wir, wenn etwas anders gelaufen ist als gedacht.

Wie sollte das anders sein bei so vielen Menschen?

Handelt nach bestem Wissen und tut, was ihr vermögt!
Achtet auf das, worauf ihr keinen Einfluss habt.

Ein altes Gebet bittet Gott gerade dabei um Unterstützung:
Herr, gib mir Mut, das zu ändern, was ich ändern kann,
Gelassenheit, das hinzunehmen, was ich nicht ändern kann, und
Weisheit, das eine vom anderen zu unterscheiden.

Geh aus, mein Herz, und suche Freud

»Geh aus, mein Herz, und suche Freud …«[16] – das ist ein Beitrag zur Gesundheitsreform, den Paul Gerhardt vor 350 Jahren schon geleistet hat. Gesundheit von Leib und Seele hängen davon ab, ob wir uns wohlfühlen. Ob wir uns freuen und wenigstens ein paar Mal am Tag Grund haben, zu lächeln oder sogar zu lachen.

Das klingt ganz einfach und ist es doch nicht. Denn es gibt ein Gesellschaftsspiel, das wir alle kennen und oft auch mitspielen. Dieses Gesellschaftsspiel heißt: »Ist es nicht schrecklich …?«

Da brauchen nur zwei zusammenzustehen, auf dem Flur, im Büro oder beim Bäcker:

»Es ist aber auch zu heiß …« »Es hat sich nun aber zu plötzlich abgekühlt …« »Die Arbeit ist einfach zu viel, … das Geld ist zu wenig … und die Steuern … und die Gesundheitsreform … und die Arbeitslosigkeit … und die schlechte Wirtschaftslage … und Busunglücke und Waldbrände … und Krieg und Elend in der Welt … und dann auch noch die ganz persönlichen Belastungen und Kümmernisse … Ist es nicht schrecklich?«

Ich könnte mühelos fortfahren.

Und das alles stimmt ja. Es gibt viel Schreckliches, viel Belastendes. Darüber können wir uns schnell einig werden. Und dennoch stehe ich diesen alltäglichen Gesprächen skeptisch gegenüber, Dieses beliebte Spiel »Ist es nicht schrecklich« ändert gar nichts.

Ja, es lebt sogar davon, dass man sich ganz einig ist über all das Schreckliche und auch darüber, dass man leider gar nichts machen kann. Das ist fast schon wieder beruhigend. Aber die Stimmung, die allgemeine und auch die eigene bleibt gedrückt. Es ist schrecklich.

Und nun kommt Paul Gerhardt. Er hat anderes im Sinn. »Geh aus, mein Herz, und suche Freud …« Er will sich etwas Gutes tun, ganz bewusst. Er hat ein Gegenprogramm im Sinn. Das hat er auch nötig. Fünf Jahre erst

---

16 Geh aus, mein Herz, und suche Freud, EG Nr. 503.

ist der Dreißigjährige Krieg vorbei, als er sein Lied dichtet. Europa liegt in Schutt und Asche. Eigentlich eine ideale Zeit, um »Ist es nicht schrecklich …« zu spielen. Aber das würde nicht helfen. Paul Gerhardt will etwas anderes.

Was würde mir guttun? fragt Paul Gerhardt.
Was hat Gott mir gegeben?
Diese Fragen führen ihn in den Garten.

»Schau an der schönen Gärten Zier und siehe, wie sie mir und dir sich ausgeschmücket haben.«

Das ist noch immer so, wie zur Zeit Paul Gerhardts, dass ein Garten einem das Herz erfreut: Das Grün, die Farben und Formen der Blüten. Und was für die Gärtner viel Arbeit bedeutet hat, ist für die, die den Garten betrachten, wie ein Geschenk.
   »… und siehe, wie sie mir und dir sich ausgeschmücket haben.«

Am Ende des Gartens wirft Paul Gerhardt einen Blick über den Zaun: Nicht nur die Menschen scheinen sich an der Sommerzeit zu freuen. Die Vögel ziehen ihre Jungen auf, die Tiere des Waldes genießen das saftige Grün ebenso wie die Schafe.
   Und Paul Gerhardt freut sich an diesem lebenssatten Bild, an der Natur, die so wohlgeordnet erscheint.
   Für alle Sinne ist etwas dabei: Das Auge erfreut sich an den Farben, die Ohren ergötzen sich am Gesang der Vögel, die Haut wird von der sanften Sommerluft umschmeichelt, von der Sonne erwärmt und vom kühlenden Wasser des Baches erfrischt.

Und auch der Geschmack soll nicht zu kurz kommen.
   Honig, Wein und Brot. Für alles ist gesorgt. Für das tägliche Brot, für die Süße des Lebens und sogar für die berauschenden Momente.

Paul Gerhardt zählt alles auf, was er in der Natur findet, und er entdeckt darin die ordnende und fürsorgende Hand Gottes.

Das ist ein wichtiger Schritt.

Neben all dem, was in der Welt so furchtbar in Unordnung geraten kann, was Paul Gerhardt wohl kannte, zu entdecken, was wohlgeordnet ist. Und darüber ins Staunen zu geraten.

So wandern seine Gedanken weiter. Dann muss wohl die Schönheit der Erde ein Abglanz des Himmels sein. Wenn schon unsere Gärten so schön sind: Wie schön wird es im Paradies erst sein?

Paul Gerhardt hat viel gefunden, als er sich aufmachte, Freude zu finden, für Leib und Seele, für dieses Leben und sogar darüber hinaus. Er verbindet das, was er sieht, mit dem, was er glaubt.

Und schließlich sieht er sich selbst als Teil des wunderbaren Gartens Gottes. Er möchte blühen wie die Blumen im Garten und wünscht sich, dass sein Leben Früchte trägt.

Er möchte sein wie ein guter Baum mit starken Wurzeln und grünen an Leib und Seele.

Wir können die Zier der schönen Gärten bewundern und uns an ihrer Pracht freuen. Und wir können mit Paul Gerhardt darauf vertrauen, dass auch wir ein Teil dieses Gartens sind und dass der große Gärtner über uns wacht.

Für die Pflege zu alt?

Zurzeit herrscht eine große Uneinigkeit darüber, wie langjährige Mitarbeiterinnen zu beurteilen sind. Sind sie erfahren und deshalb geschätzt – oder zu alt für die täglichen Belastungen?

In der Diakonie werden sie mit der Verleihung des Kronenkreuzes geehrt.

An anderen Stellen ist man sehr bemüht, langjährige Mitarbeiter, die logischerweise auch nicht mehr in jugendlichem Alter sind, aus dem Arbeitsprozess zu entlassen. Sie seien nicht mehr belastbar und nicht mehr leistungsstark. Außerdem bestünde die Gefahr, dass jemand nach vielen Jahren unbeweglich und unflexibel würde und sich nicht mehr auf Neues einlassen könne.

In Bezug auf die körperliche Belastbarkeit kann das sogar stimmen, obwohl es auch viele junge Leute gibt, die bereits über Rückenprobleme klagen. Aber stimmt die Gesamteinschätzung? Können nur Zwanzigjährige etwas Neues anfangen?

Zwei Beispiele aus der Bibel:

Abraham war 75 Jahre alt nach der biblischen Überlieferung, als Gott ihn aufforderte, in ein ganz neues Land zu gehen. Und noch einmal 25 Jahre sollte es dauern, bis er und seine Frau Sara den lang ersehnten Sohn Isaak bekamen.

Die erste Gemeinde auf europäischem Boden, in der Stadt Philippi in Griechenland, entstand im Haus von Lydia. Sie wird uns vorgestellt als Purpurhändlerin. Also eine Frau, die mit sehr kostbaren Gütern handelte und einem Geschäftshaus mit vielen Menschen vorstand. Sicher keine Zwanzigjährige, sondern eine erfahrene Geschäftsfrau.

Sie lässt sich von der Predigt des Paulus überzeugen, entschließt sich zur Taufe mit ihrem ganzen Haus und bittet Paulus und seine Begleiter in ihr Haus. So beginnt die Geschichte des Christentums in Europa.

Diesen Menschen war gemeinsam, dass sie über viel Lebenserfahrung und auch Berufserfahrung verfügten. Und dass sie bereit waren, mit diesen Erfahrungen etwas Neues zu beginnen.

Die Erfahrungen eines Hirten und Viehzüchters. Die Erfahrungen aus einer Großfamilie, in der Arbeit verteilt werden muss und Streit geschlichtet.

Die Erfahrungen einer Geschäftsfrau und Händlerin, die Mitarbeiter leiten und Kundengespräche führen muss.

Gute Voraussetzungen also für neue und große Aufgaben.

Auch langjährige Mitarbeiterinnen in Altenheimen bringen reiche Erfahrungen mit. Und oft zeigt ihr beruflicher Werdegang, dass sie bereit waren zu Neuanfängen. Da finden sich gelernte Schneiderinnen, Friseurinnen oder Verkäuferinnen.

Den Umgang mit Menschen und mit empfindlichen Materialien sind sie gewohnt. Und das haben sie mitgebracht in den Bereich der Altenpflege.

Gerade hier werden Lebenserfahrung und Berufserfahrung und die Bereitschaft, neue Wege zu gehen, gebraucht. Weil die Anforderungen im Beruf sich ändern, sowie sich Menschen auch ändern. Immer wieder muss man sich dem anpassen, was neu gebraucht wird.

Nicht immer müssen die Neuanfänge so radikal sein wie die von Abraham und Lydia.

Aber etwas davon, von diesem Mut zum Aufbruch in ein neues Land braucht es auch heute.

Gott war und ist mit denen, die er zu neuen Aufgaben berufen hat.

Die Erfahrung bringen viele in der Pflege mit, ihre Beweglichkeit mussten sie oft genug beweisen.

Und so wünsche ich Ihnen: Gott sei mit Ihnen.

Alterskraft (Jesaja 40,28–31)

Im Vertrauen auf Gott bekommen Erschöpfte neue Kraft und Ermattete neuen Auftrieb.

So beschreibt es Jesaja. Und wir hören es vielleicht etwas skeptisch.

Denn wir rechnen damit, dass es junge und starke Menschen gibt und leistungsfähige Erwachsene und dass unsere Kraft dann mit den Jahren abnimmt. Davon geht auch der so genannte Generationenvertrag aus, von dem in den letzten Monaten so oft die Rede war:

Die, die auf der Höhe ihrer Kraft sind, sorgen für die Kinder und für die, deren Kraft nicht mehr ausreicht, allein für sich zu sorgen.

Und zurzeit sagen viele: Vorsicht, es gibt immer weniger erwerbstätige Menschen in unserem Land, die das leisten können.

Schon Jesaja warnt: Auch erwachsene Männer werden schließlich müde und erschöpft. Und sogar junge Menschen brechen unter zu großen Lasten zusammen. Verlasst euch also nicht zu sehr auf eure Vorstellungen von den Jungen, Starken und Leistungsfähigen. Und – anders als bei uns – »Unterschätzt nicht die Altgewordenen.« Es gibt mehr als den natürlichen Lauf der Dinge, mehr als die »biologische« Uhr.

Jesaja sagt: Die auf den Herren harren, kriegen neue Kraft.

Und dann erlebt ihr, wie die laufen und nicht matt werden, die ihr für kraftlos hieltet. Wie sie aushalten und durchhalten, obwohl ihr sie schon aufgegeben hattet.

Jesaja kann sich auf die Geschichte seines Volkes berufen. Von Mose, der das Volk aus Ägypten führte, heißt es bei seinem Tod: Und Mose war 120 Jahre alt, als er starb. Seine Augen waren nicht schwach geworden, und seine Kraft war nicht verfallen. Ähnlich wird es auch von seinen Begleitern Aaron und Mirjam berichtet.

Nicht, dass sie auf ihrer langen Wanderung ins gelobte Land nicht auch müde geworden sind und mitunter den Mut verloren. Trotzdem kam keiner auf die Idee, sie abzusetzen aufgrund ihres Alters.

Ich möchte Ihnen die Geschichte eines anderen Volkes erzählen, das in einer ähnlich schwierigen Lage war wie das Volk Israel in der Wüste.[17]

Hoch im Norden Alaskas lebte dieses Nomadenvolk. Sie waren Jäger und folgten den wandernden Tieren auf der Suche nach Nahrung. Besonders kalte Winter stürzten sie in große Not. Die Elche zogen sich weit zurück. Viele Tiere starben, weil sie nichts mehr zu essen fanden. Und so waren auch die Menschen vom Hungertod bedroht.

Nach einem besonders harten Winter entschied nun der Häuptling mit dem Stammesrat, zwei alte Frauen zurückzulassen. Und zum Entsetzen der beiden Frauen legte niemand Widerspruch ein.

Viele hatten erwartet, dass es geschehen würde, und manche hielten es für das Beste. In jenen Tagen war es nicht unüblich, die Alten in Hungerszeiten zurückzulassen, obwohl es in dieser Gruppe zum ersten Mal geschah. Die Kargheit des Landes schien danach zu verlangen. Um zu überleben, sahen sich die Menschen gezwungen, sich in mancherlei Weise wie Tiere zu verhalten. Wie junge Wölfe sich vom alten Führer ihres Rudels absetzen, so pflegten die Menschen ihre Alten zurückzulassen, um sich ohne sie schneller bewegen zu können.

Die beiden Frauen blieben also allein zurück, als ihre Leute sich aufmachten und weiterzogen. Verzweifelt und zunächst wie erstarrt.

Als das Feuer ausgeht, kommt eine zu sich und spricht die andere an: »Wir werden sterben, wenn wir einfach nur hier sitzen und warten. Das würde ihnen recht geben, dann wären wir wirklich hilflos. Sie glauben, wir seien zu alt und nutzlos. Sie vergessen, dass auch wir ein Recht haben zu leben! Und deshalb, meine Freundin, sage ich, wenn wir denn sterben müssen, so lass uns handelnd sterben und nicht im Sitzen.«

Und so beginnen die beiden zu handeln. Auch sie packen ihre Sachen und machen sich auf den Weg zu einem früheren Lagerplatz, an dem es reichlich Fische gab.

Es fällt ihnen nicht leicht. Denn der Weg ist weit und das Wandern im Schnee beschwerlich. Doch sie kommen vorwärts, Tag für Tag. Und es gelingt ihnen, kleine Tiere zu fangen, so dass sie nicht verhungern. An jedem Abend sind sie erschöpft und morgens tun ihnen Arme und Beine

---

17 Welma Wallis, Zwei alte Frauen. München 2001.

so weh, dass sie kaum aufstehen mögen. Und trotzdem kommen sie voran.

Und sie beginnen auch, darüber nachzudenken, was geschehen ist: »Wir sind alt geworden und haben geglaubt, wir hätten unseren Teil im Leben geleistet. Also hörten wir auf, einfach so. Wir haben nicht mehr weitergearbeitet wie früher, obwohl unsere Körper noch immer gesund genug sind, um ein wenig mehr zu leisten, als wir ihnen zugetraut haben. Wir beklagen uns, sind nie zufrieden. Wir reden davon, dass es nichts zu essen gibt, und davon, wie gut es früher war, obwohl es in Wirklichkeit nicht besser war. Und jetzt, nachdem wir so viele Jahre damit verbracht haben, die jüngeren Leute davon zu überzeugen, dass wir hilflos sind, glauben sie, dass wir in dieser Welt nicht mehr von Nutzen sind. Wir werden ihnen beweisen, dass sie unrecht haben!«

Und die Frauen beweisen tatsächlich, wie lebenstüchtig sie sind. Die Erfahrungen ihres langen Lebens zahlen sich aus. Sie stehen harte Zeiten durch und sammeln im Sommer genügend Vorräte für den nächsten Winter.

Damit könnte die Geschichte enden. Doch ein wichtiger Teil kommt noch. Ihrem Volk nämlich ist es in diesem ganzen Jahr schlecht gegangen. Und als sie im nächsten Winter in die gleiche Gegend kommen, stoßen sie auf die Spuren der alten Frauen.

Gegen alle Wahrscheinlichkeit hofft der Häuptling plötzlich, die alten Frauen könnten noch am Leben sein. Er hat es längst bitter bereut, sie damals ausgesetzt zu haben.

Er schickt seinen Kundschafter aus. Und tatsächlich: Dieser findet das Lager der Frauen.

Die Frauen sind, nach allem, was sie erlebt haben, sehr misstrauisch. Trotzdem überwinden sie sich und lassen den Kundschafter in ihr Zelt, um mit ihm zu reden und ihm zu essen zu geben.

Wie soll es für die Frauen weitergehen? Sollen sie zu ihren Leuten zurückkehren? Werden die sie wieder im Stich lassen?

Der alte Kundschafter antwortet ihnen: »Ich kann nicht versprechen, dass es nicht wieder geschehen wird. In harten Zeiten können Menschen bösartiger als Wölfe werden. Und andere werden ängstlich und schwach, so wie ich, als ihr ausgesetzt wurdet. Aber ich verspreche euch, wenn es wieder geschehen sollte, werde ich euch beschützen.« Und während er spricht, wird ihm bewusst, dass in diesen zwei Frauen, die er für so hilflos und schwach gehalten hatte, genau die Stärke wiedererstanden war, die ihn im vergangenen Winter verlassen hatte. Und auf seltsame Weise begreift er, dass er auch sich selbst von nun an nie mehr für alt und schwach halten würde.

Die alten Frauen bringen ihr Volk durch den Winter. Zum einen, weil sie ihre Vorräte großzügig verteilen. Zum anderen, weil sie allen anderen Mut machen, nicht aufzugeben.

Ganz allmählich bessert sich das Verhältnis zwischen den zwei Frauen und ihrem Volk. Beide Seiten lernen, dass in Notzeiten etwas aus den Menschen hervorbrechen kann, wovon sie nichts gewusst haben. Das Volk hatte sich selbst für stark gehalten, doch es war schwach gewesen. Und die zwei Alten, die ihnen als die Schwächsten und Hilflosesten erschienen waren, hatten sich als stark erwiesen.

Jetzt beginnt das Volk die Gemeinschaft der zwei Frauen zu suchen, um Rat zu erbitten und neue Dinge zu lernen. Und aus den nörgelnden Alten sind selbstbewusste und hilfsbereite Ratgeberinnen geworden.

Diese Geschichte wurde von Generation zu Generation überliefert. Sie ermahnte das Volk, keinen der ihren im Stich zu lassen und abzuschieben. Und sie machte ihnen Mut, auch in harten Zeiten nicht aufzugeben.

Auch für die Altenpflege kann diese Geschichte übrigens einiges sagen. Denn sie erzählt von schwierigen Zeiten mit knappen Ressourcen. Sie erzählt von notwendigen Entscheidungen für die Zukunft. Und sie erzählt, uns zur Warnung, aber auch zum Trost, von Fehlern, die manchmal gemacht werden – wie in der Geschichte von dem Häuptling und seinen Ratgebern. Das Tröstliche an der Geschichte ist, dass ihre Fehler nicht irreparabel ist.

Auch Häuptlinge können lernen!

Die beiden alten Frauen in der Geschichte, die erst die Leidtragenden und dann die Heldinnen sind, werden nicht verklärt. Sie erkennen, wo sie sich in der Vergangenheit falsch verhalten haben und wie sie es den anderen schwer machten.

Zum glücklichen Ende kommt es, weil beide Seiten sich verändert haben.

Außerdem ist festzuhalten, wie gut es war, dass keiner der Beteiligten allein war: Die alten Frauen hatten einander und der Häuptling und der Kundschafter unterstützten sich gegenseitig.

Und so ist auch heute ein Team besser dran als einer allein.

Mahnung und Ermutigung also aus dieser alten Geschichte. Und daneben kann ein Drittes treten: Das Vertrauen auf Gott. *»Er gibt den Müden Kraft und Stärke dem Unvermögenden.« (Jes 40,29)* So dass Dinge möglich werden, die wir kaum zu hoffen wagen.

»Die auf den Herren harren, kriegen neue Kraft, dass sie auffahren mit Flügeln wie Adler, dass sie laufen und nicht matt werden, dass sie wandeln und nicht müde werden.« (Jes 40,31)

Altenpflege diakonisch verstanden

Psalm 23 als Leistungs- und Qualitätsvereinbarung

In Leistungs- und Qualitätsvereinbarungen wird festgelegt, was ein Altenheim anbietet und leistet. Wofür wird bezahlt? Und dahinter steht die Frage, was ein Mensch braucht, der in so ein Altenheim einzieht, damit er ausreichend versorgt ist und sich wohl fühlt. Die Leistungs- und Qualitätsvereinbarung wird zwischen Heimen und Pflegekassen geschlossen. Eigentlich müsste sie zwischen Heim und Bewohnern verhandelt werden. Denn darauf kommt es doch an, wie Bewohnerinnen und Bewohner die Leistungen und die Qualität beurteilen.

In einem Gebet im Alten Testament lobt ein Mensch die Leistungen und die Qualität, die Gott ihm bietet. Viele kennen dieses Gebet, es ist der 23. Psalm.

>*Mir wird nichts mangeln.« (Ps 23, 1)* Das ist wohl das höchste Lob.

Ich habe alles, was ich brauche, und das wird auch in Zukunft so sein. Und dann wird aufgezählt.

Die grüne Aue und das frische Wasser – oder auch der gedeckte Tisch – stehen für die Versorgung mit Essen und Trinken. Das braucht ein Mensch, damals wie heute. Das klingt so einfach und kann doch auch in unserer Zeit zum Problem werden. Immer wieder gibt es Schwierigkeit der Trinkwasserversorgung in Katastrophengebieten oder in Dürreperioden.

Man kann durchaus auch an die Trinkpläne und die Erfassung des Ernährungszustandes von Bewohnerinnen und Bewohnern in Pflegeheimen denken.

Jeder von uns merkt spätestens, wenn er krank wird, wie wichtig es ist, das zu Essen und zu Trinken zu bekommen, was man verträgt, was einem schmeckt und bekommt, was man gut kauen und schlucken kann.

Und auch sonst beurteilen wir oft die Qualität unserer Tage danach, ob wir mit Essen und Trinken zufrieden waren, z. B. im Urlaub oder bei festlichen Gelegenheiten. Essen und Trinken hält Leib und Seele zusammen. Auch für die Seele muss gesorgt sein.

»Er erquicket meine Seele« (Ps 23, 3), heißt es im 23. Psalm.

Das muss jeder für sich beantworten: Was erquickt meine Seele? Was freut mich, was erwärmt mein Herz? Was gibt mir Mut und Hoffnung?

Leib und Seele wollen versorgt sein.

Und dann gibt es ein zweites großes Thema in diesem Psalm. Da geht es um Beistand und Schutz.

Und ob ich schon wanderte im finstern Tal, fürchte ich kein Unglück, denn du bist bei mir, dein Stecken und Stab trösten mich. (Ps 23,4)

Mit diesen Bildern ist zeitlos gültig beschrieben, wovor Menschen sich fürchten.

Wieder müsste jeder selbst sagen, was für ihn oder sie das finstere Tal ist oder welches Unglück er am meisten fürchtet.

Und dann braucht man jemanden, der einem beisteht, wie der Hirte seiner Herde. Der bereit ist, mit seinem Stab jedes Tier gegen einen feindlichen Angriff zu verteidigen und es wieder auf sichere Wege zu führen.

Oder man braucht einen Gastgeber, der zusichert, dass einem bei ihm nichts passieren kann.

»Du bereitest vor mir einen Tisch im Angesicht meiner Feinde.« (Ps 23,5)

»Du salbest mein Haupt mit Öl« (Ps 23,5) – das ist ein Ausdruck der Ehrerbietung und des Respekts.

Was braucht ein Mensch?

Fürsorge für Leib und Seele und Beistand und Schutz. Ich kenne keine Leistungs- und Qualitätsvereinbarung, die besser wäre. Daran können wir uns orientieren, in dem, was wir tun.

Und wir können darauf vertrauen, dass uns all dies angeboten wird von Gott.

Der Herr ist mein Hirte, mir wird nichts mangeln.

»Der ist doch nicht blind. Der kann nur nichts sehen«, sagt das kleine Mädchen entrüstet, als die Eltern sich über den Nachbarn unterhalten, den Vater ihrer Freundin. Blind, so werden im Märchen die genannt, die völlig hilflos sind, die gar nichts allein tun können. Und der Vater ihrer Freundin, der spielt mit den Kindern, erklärt ihnen Dinge und ist manchmal streng so wie die anderen Eltern auch. Er kann nichts sehen. Das ist alles.

Diese Einschätzung ist die Grundlage der aktivierenden Pflege. Ein Pflegebedürftiger soll genau wahrgenommen werden. Wo liegen seine Einschränkungen? Welche Hilfe braucht er? Und was hat er selbst an Fähigkeiten? Was kann er allein tun?

Und dann wird ausgewählt: Wo braucht er nur Anleitung, wo Unterstützung? Bei welchen Verrichtungen muss jemand teilweise oder ganz etwas übernehmen, was der Pflegebedürftige nicht kann?

Für alle anderen Fälle gilt: Es ist viel besser, so lange wie möglich Dinge selbst zu tun, als zu viel abgenommen zu bekommen und dabei »einzurosten«, weil man aus der Übung kommt.

Das klingt ganz selbstverständlich und ist es doch nicht. Weil Unsicherheit und auch Hilfsbereitschaft und guter Wille leicht dazu führen, einem Menschen, der hilflos oder unsicher wirkt, gleich alles abzunehmen: »Lassen Sie doch, ich mache das für Sie.« Das ist gut gemeint. Und vielleicht ginge es sogar schneller. Besser wäre es nicht. Es ist sogar gefährlich, voreilig einen Pflegebedürftigen als vollständig hilfsbedürftig anzusehen. Im schlechtesten Fall fragen die Helfer noch nicht einmal mehr, was der Betreffende will, sondern entscheiden für ihn und über ihn hinweg. Und sollte jemand anders fragen, geben sie vielleicht schnell selbst die Antwort, über den Kopf des Pflegebedürftigen hinweg. Alles ist gut gemeint. Alles steht im Dienst eines möglichst schnellen und reibungslosen Ablaufes.

Doch was wird aus dem, der eigentlich nur unter bestimmten Einschränkungen leidet und sonst durchaus ein erwachsener Mensch mit eigenem Willen, eigener Meinung und auch eigenen verbliebenen Fähigkeiten ist? Wenn er zur völligen Tatenlosigkeit verdammt wird und dazu noch als sozusagen willenlos gilt und auf diese Weise entmündigt wird, dann wird über kurz oder lang aus ihm tatsächlich ein völlig hilfloser Mensch.

Es ist spannend, sich in diesem Zusammenhang anzusehen, wie Jesus mit solchen Menschen umgegangen ist. Oft erfahren wir nicht einmal ihre Namen. Sie werden nach ihrer Krankheit, ihrer Einschränkung benannt: Der Blinde, der Gichtbrüchige, die gekrümmte Frau. Es läge also sehr nah, in ihnen tatsächlich ganz hilflose Menschen zu sehen. Doch meist beginnt ihre Begegnung mit Jesus schon ganz anders. Sie sind es nämlich selbst, die große Anstrengungen unternehmen, um ihn zu treffen. Sie drängen sich durch die Menschenmenge, sie schreien laut seinen Namen oder sie drängen andere, sie zu ihm zu bringen. Sie werden also keineswegs als völlig hilflos und passiv beschrieben, sondern als sehr aktiv. Und entsprechend antwortet Jesus ihnen auch. Er fragt sie, sie selbst, was sie wollen, was er für sie tun kann. Und er nimmt wahr, wie sie sich einsetzen, erkennt ihren starken Willen.

Mehrfach bestätigt er diesen kranken und behinderten Menschen: »Dein Glaube ist groß.« Oder er sagt: »Dein Glaube hat dir geholfen.« Und er hilft ihnen so, wie sie es wollen, so, wie sie ihn bitten.

Ein paar Mal, da sind es andere, die für einen Menschen bitten, der ihnen nahesteht. Eine Mutter für ihr krankes Kind, ein römischer Hauptmann für seinen kranken Knecht oder vier Freunde, die einen gelähmten Mann zu Jesus tragen. Das sind sozusagen hilflose Helfer. Sie möchten etwas tun und wissen nicht mehr weiter.

So ist es heute auch manchmal, auch in der Pflege.

Und auch hier sieht Jesus bei aller Hilflosigkeit die Bereitschaft, sich einzusetzen. Er hört die Bitte um Hilfe. Und er erkennt sie an und sagt auch den Helfern, den Freunden und Angehörigen: »Dein Glaube ist groß. Dein Glaube hat dir geholfen.«

Nicht immer ist Heilung möglich, gerade in der Altenpflege. Aber Hilfe ist möglich und Linderung.

Und das Beispiel Jesu kann die Richtung angeben: Neben der Einschränkung auch die Kraft zu sehen, neben der Krankheit die Fähigkeiten, die ein Mensch einbringt.

Das gilt für Pflegebedürftige wie für Pflegende. Und diese Sichtweise führt zu einer wohltuenden aktivierenden Pflege.

Essen (1 Könige 19,1–12)

»*Du bereitest vor mir einen Tisch im Angesicht meiner Feinde.*« (Psalm 23,5)

So könnte man manche Mahlzeit im Pflegeheim beschreiben.

Manche Bewohnerinnen kommen sich vor, als seien sie im Feindesland: »Wo bin ich hier? Jedenfalls nicht zuhause. Das ist nicht mein Tisch, nicht meine Tischdecke, nicht mein Teller, nicht meine Gabel. Und auch das Essen riecht ganz anders, als ich es kenne. Was sind das hier für Leute? Was wollen sie von mir?«

Und auch die, die sich besser orientieren können, haben mit »inneren Feinden« zu kämpfen: Schmerzende Zähne, ein trockener Mund, Schluckbeschwerden. Das Frühstücksbrötchen wird zum Abenteuer.

Wie wichtig sind Köche, Hauswirtschafts- und Pflegekräfte, die das Essen bringen und vorstellen, die buchstäblich erklären, was da heute auf dem Teller liegt. Die beim Essen helfen und unterstützen.

In bestimmten Zeiten wird das Essen auch für die Pflegenden zum »Feind«. Sie fürchten sich vor der Frage der Prüfer vom Medizinischen Dienst der Kassen: »Was machen Sie denn, wenn ein Bewohner dauernd abnimmt und nicht essen mag?« Und dann bitten und drängen sie die

Bewohner: »Sie müssen doch essen, Sie fallen uns ja sonst ganz vom Fleisch ...«

Essen im Angesicht des Feindes Untergewicht – Essen in Zeiten des Body Mass Index.

Es gibt in der Bibel eine Geschichte von einem, der vor seinen Feinden auf der Flucht war. Und der dann nicht mehr weiter wollte, nichts mehr sehen, nichts mehr hören, auch nichts mehr essen.

»Und Ahab sagte Isebel alles, was Elia getan hatte und wie er alle Propheten Baals mit dem Schwert umgebracht hatte. Da sandte Isebel einen Boten zu Elia und ließ ihm sagen: Die Götter sollen mir dies und das tun, wenn ich nicht morgen um diese Zeit dir tue, wie du diesen getan hast! Da fürchtete er sich, machte sich auf und lief um sein Leben und kam nach Beerscheba in Juda und ließ seinen Diener dort. Er aber ging hin in die Wüste eine Tagereise weit und kam und setzte sich unter einen Wacholder und wünschte sich zu sterben und sprach: Es ist genug, so nimm nun, HERR, meine Seele; ich bin nicht besser als meine Väter. Und er legte sich hin und schlief unter dem Wacholder. Und siehe, ein Engel rührte ihn an und sprach zu ihm: Steh auf und iss! Und er sah sich um, und siehe, zu seinen Häupten lag ein geröstetes Brot und ein Krug mit Wasser. Und als er gegessen und getrunken hatte, legte er sich wieder schlafen. Und der Engel des HERRN kam zum zweiten Mal wieder und rührte ihn an und sprach: Steh auf und iss! Denn du hast einen weiten Weg vor dir. Und er stand auf und aß und trank und ging durch die Kraft der Speise vierzig Tage und vierzig Nächte bis zum Berg Gottes, dem Horeb. Und er kam dort in eine Höhle und blieb dort über Nacht. Und siehe, das Wort des HERRN kam zu ihm: Was machst du hier, Elia? Er sprach: Ich habe geeifert für den HERRN, den Gott Zebaoth; denn Israel hat deinen Bund verlassen und deine Altäre zerbrochen und deine Propheten mit dem Schwert getötet und ich bin allein übrig geblieben, und sie trachten danach, dass sie mir mein Leben nehmen. Der Herr sprach: Geh heraus und tritt hin auf den Berg vor den HERRN! Und siehe, der HERR wird vorübergehen. Und ein großer, starker Wind, der die Berge zerriss und die Felsen zerbrach, kam vor dem HERRN her; der HERR aber war nicht im Winde. Nach dem Wind aber kam ein Erdbeben; aber der HERR war nicht im Erdbeben. Und nach dem Erdbeben

kam ein Feuer; aber der HERR war nicht im Feuer. Und nach dem Feuer kam ein stilles, sanftes Sausen. Als das Elia hörte, verhüllte er sein Antlitz mit seinem Mantel und ging hinaus und trat in den Eingang der Höhle. Und siehe, da kam eine Stimme zu ihm und sprach: Was hast du hier zu tun, Elia?« (1 Kön 19,1–13)

Essen im Angesicht der Feinde. Was erlebt Elia? Er ist lebensmüde, aber noch nicht am Lebensende. Der Engel animiert ihn zum Essen, versorgt ihn und sagt ihm, wie es weitergehen soll. Elia wünscht sich eine Wende, eine dramatische Wende: »So kann es nicht weitergehen …«

Gott kommt im stillen, sanften Sausen. Undramatisch. Und Gott zeigt eine Zukunft auf.

Die Köche können zu rettenden Engeln für Bewohnerinnen werden, wenn der »Berg« auf dem Teller zum Feind wird. Sie bereiten hochkalorische Kost zu, die mit dem nötigen Nährwert versorgt, auch bei kleinen Mengen. Sie präsentieren Essen, das man mit den Fingern essen kann, wenn Messer und Gabel zum Feind geworden sind. Sie bieten pürierte und passierte Kost attraktiv an, so dass sie Lust auf das Essen macht.

Für die Pflegenden heißt die Aufgabe: Essen reichen in dem Tempo, das die Pflegebedürftigen vertragen. Und wenn einer trotzdem nicht essen mag, herausfinden, was an der Zeit ist: Lebenskrise oder Lebensende? Und dann: Mit den Lebensmüden im Angesicht der Feinde ausharren. Dem alten Menschen zeigen, dass er nicht allein ist, wenn die Feinde morgens, mittags und abends lauern.

Und auch denen beistehen, die am Lebensende angekommen sind, mit Angehörigen und Ärzten, und irgendwann dann auch nicht mehr zum Essen drängen im Angesicht des Todes.

Helga Rauch

*Hauswirtschaftsmeisterin, seit 1992 bei der
Evangelischen Altenhilfe Gesundbrunnen*

»Manchmal kann man jemanden
mit einem Rollmops
zu einem glücklichen Menschen
machen.«

*Wir kochen hier für etwa 100 Leute, da denkt doch jeder:
Die können gar nicht auf mich achten.*

Pflegeplanung (Lukas 13, 10–17)

»Ja, mach nur einen Plan, sei nur ein großes Licht!
Und mach dann noch 'nen zweiten Plan
Gehn tun sie beide nicht.«[18]

An dieses boshafte Lied von Bertolt Brecht muss ich manchmal denken, wenn wieder ein MDK[19]-Bericht die Pflegeplanungen bemängelt und weitere gründliche Überarbeitungen aller Pflegeplanungen fordert.

»… und mach auch noch 'nen zweiten Plan: gehen tun sie beide nicht.«

Und dann fallen mir die Figuren in einem Roman von Anne Tyler ein, die alle auf ihre Weise einen etwas verkorksten und verkrachten Eindruck machen und sich große Mühe geben, sich mit den abwegigsten Planungen und Ordnungssystemen über Wasser zu halten.[20]

Ein Mann, der sich, von seiner Frau verlassen, einen genauen Plan macht, wie er am effektivsten Körperpflege und Wäscheversorgung verbinden kann. Abends wird geduscht und im Duschbecken gleich Hemd und Unterwäsche mitgespült und danach gleich aufgehängt. Geschlafen wird frisch gewaschen in der neuen Unterwäsche für den nächsten Tag – spart die Nachtwäsche – und in einem selbst aus Laken zusammengenähten Schlafsack – das spart die Bettwäsche. Ein wirklich ausgeklügelter Plan. Und trotzdem überrascht es einen nicht, dass er gerade bei einer seiner Wäscheaktionen eines Tages ausrutscht und sich ein Bein bricht …

Oder seine Schwester: Die hat sich angewöhnt, die Lebensmitteleinkäufe in der Speisekammer alphabetisch sortiert einzuräumen. Und da steht sie dann minutenlang und überlegt, was sie mit den Nudeln machen

---

18 Bertolt Brecht, Das Lied von der Unzulänglichkeit menschlichen Strebens, in: Die Dreigroschenoper, in: Die Stücke von Bertolt Brecht in einem Band. Frankfurt am Main 1978.
19 Medizinischer Dienst der Krankenversicherung
20 Anne Tyler, Die Reisen des Mr. Leary. Frankfurt am Main 1989.

soll, weil bei »N« gerade kein Platz mehr ist – bis ihr einfällt, sie unter »S« wie Spaghetti, ins Regal zu packen. Es geht doch nichts über ein gutes System …

In der Pflege bilden die endlosen Dokumentationsblätter und Checklisten das System, das dafür sorgen soll, dass alles, jede Information und jede Beobachtung ihren Platz findet – und trotzdem ist oft nicht sichergestellt, dass das Wesentliche dann auch wirklich zur Hand ist und berücksichtigt wird, wenn es notwendig und sinnvoll ist.

Alle diese Ordnungssysteme sind Modelle und Annäherungsversuche, die Komplexität von menschlichem Leben, oder bescheidener: von Pflegesituationen, abzubilden.

Ihr Ziel ist die Sicherung der Arbeit.

Zurzeit erscheinen die AEDLs[21] von Krohwinkel als Ausgangspunkt geeignet, doch auch sie sind nur Modell. Ähnlich die RIPs[22] von Karla Kämmer. Vielleicht werden sie einem eines Tages ähnlich umständlich vorkommen wie das Lagersystem in der Speisekammer im Roman.

Entscheidend ist für mich tatsächlich die Frage des Nutzens. Der Pflegeprozess soll dem Wohl der Pflegebedürftigen dienen. Und alle Systeme der Planung, Durchführung, Dokumentation und Evaluation haben den Sinn, diesen Pflegeprozess auf die beste Weise zu gestalten.

Sie sind Handwerkszeug und müssen an ihrer Brauchbarkeit und Handhabbarkeit gemessen werden. Sie müssen sich auch daran messen lassen, ob sie eigentlich für die Handwerkerinnen und Handwerker geeignet sind, die damit arbeiten müssen. Manchmal habe ich Zweifel an

---

21 AEDL ist die Abkürzung für »Aktivitäten und existenzielle Erfahrungen des Lebens«. Sie sind Bestandteil des von Prof. Monika Krohwinkel entwickelten und weit verbreiteten Pflegemodells der »Fördernden Prozesspflege«. Die 13 AEDLs (von Nahrungsaufnahme über Ausscheidung, Bewegung bis zu Kommunikation und Beschäftigung) dienen als Struktur für die Erhebung der Pflegesituation und die Planung der Pflege.

22 RIP ist die Abkürzung von Risikopotenzialanalyse, einem von Karla Kämmer entwickelten Konzept des Risikomanagements. 20 bis 40 kritische Qualitätskriterien werden beobachtet, dokumentiert und regelmäßig zur Erhebung des individuellen Risikopotenzials der Pflegebedürftigen genutzt.

der Eignung bestimmter Verfahren, allein wenn ich auf ihre sprachliche Gestalt achte.

Für sich haben weder die AEDLs noch RIPs noch irgendein Formular einen besonderen Wert.

Mir fällt dazu ein, was Jesus zum Sabbatgebot gesagt hat. Das Sabbatgebot an sich sollte eine gute und wohltuende Ordnung sichern: Die Arbeitsruhe für Mensch und Tier an einem Tag der Woche.

Doch daran hat sich von Anfang an die Frage geknüpft: Was ist Arbeit? Was darf getan werden und was nicht? Denn das Vieh muss gefüttert und gemolken werden, auch die Menschen müssen essen, Kranke müssen versorgt werden usw. Um das Sabbatgebot herum entstand eine Unzahl von Regelungen, was am Sabbat erlaubt sei und was nicht. Und das, was ursprünglich einen Freiraum für Mensch und Tier schaffen sollte, konnte zum einengenden Gefängnis werden.

Jesus selbst wurde angegriffen, weil er am Sabbat Menschen heilte. Wohl gemerkt: Er eröffnete keine Praxis mit dem Schild »Behandlung und Heilung auch am Sabbat von 9.00 bis 18.00 Uhr«.

Sondern er reagierte auf Menschen, denen er in verschiedenen Situationen begegnete.

»Der Sabbat ist um des Menschen willen geschaffen, nicht der Mensch um des Sabbats willen.« (Mk 2,27)

Das Gebot gibt die Grundorientierung vor. Doch das Verhalten in konkreten Situationen kann nicht regelhaft für alle Zeiten festgelegt werden. Keine Regel, kein System nimmt uns ab, uns in ganz verschiedenen Situationen verantwortungsvoll zu verhalten.

Das ist keine Einladung zur Regellosigkeit. Doch die Regeln und Systeme müssen ihre dienende Funktion behalten, so lange, wie wir sie für sinnvoll halten und nicht durch andere ersetzen. Der Stand des Wissens wird weiterentwickelt. Und wir können und sollen daran mitwirken. Sie alle sind darin geübt, Instrumente zu entwickeln und zu erproben, sie dann zu verwerfen oder beizubehalten. Dazu möchte ich Sie ermutigen.

Für mich ist die aktuelle Frage: Welche Regeln, welche Systeme und Modelle befähigen uns, den Pflegeprozess zu verstehen und sinnvoll zu gestalten?

Hier sind Träger von Pflegeeinrichtungen gefragt und Pflegedienstleitungen, Praxisanleiterinnen und Pflegekräfte, die den Pflegeprozess steuern.

Die Antworten müssen nicht für die Ewigkeit sein, aber für die nächsten Monate oder Jahre helfen, die Arbeit gut zu machen.

Pflegestandards

13 AEDLs[23], eine wachsende Zahl von Expertenstandards; eine Fülle von Vorgabedokumenten gibt vor, was in der Pflege zu tun ist.

Ist die Pflege deshalb gut? Nicht immer.

Enttäuschte und zuweilen ratlose Pflegedienstleitungen fragen sich, was die Pflegekräfte sich eigentlich denken, wenn sie bestimmte Dinge tun, oder schlimmer: wenn sie bestimmte Dinge lassen. Denken sie überhaupt?

Diese Frage soll Mitarbeiterinnen nicht beleidigen.

Was ist es, das das Denken hindert?

Vielleicht genau diese Fülle an Vorgaben, die eigentlich die Qualität der Arbeit sichern soll.

Denken Sie nicht, folgen Sie den Vorgaben!

---

23 AEDL ist die Abkürzung für »Aktivitäten und existenzielle Erfahrungen des Lebens«. Sie sind Bestandteil des von Prof. Monika Krohwinkel entwickelten und weit verbreiteten Pflegemodells der »Fördernden Prozesspflege«. Die 13 AEDLs (von Nahrungsaufnahme über Ausscheidung, Bewegung bis zu Kommunikation und Beschäftigung) dienen als Struktur für die Erhebung der Pflegesituation und die Planung der Pflege.

Besonders schmerzlich wird es, wenn die Vorgaben sich ändern. Was gestern als fachlich allein angemessen galt, kann morgen als grober Fehler gelten. Von »Eisen und Föhnen« spricht zum Beispiel bei der Dekubitusprophylaxe keiner mehr. Oder im Zusammenhang mit der Flüssigkeitsversorgung: Endlich gilt Kaffee nun doch nicht als »Flüssigkeitsräuber«, dem literweise Mineralwasser folgen muss, damit der tägliche Flüssigkeitsbedarf gedeckt wird.

Diese vermeintliche Lehrmeinung entpuppte sich als Fehlinterpretation der Ergebnisse einer Studie.

Der von vielen geliebte Kaffee wird wieder in die Gemeinschaft der »akzeptierten Flüssigkeiten« aufgenommen und erspart das ein oder andere Zusatzgetränk. Das wird viele Altenheimbewohner freuen – und viele Pflegekräfte außerdem. Haben Sie das vielleicht immer gedacht: Flüssigkeit ist Flüssigkeit. Warum nicht trinken, was einem schmeckt? Aber es galt:

Denken Sie nicht, folgen Sie den Vorgaben!

In der Diakonie trifft diese Empfehlung möglicherweise doppelt. Schon Friedrich Schiller vermutete in der Bereitschaft zum Gehorsam die höchste christliche Tugend: »Mut hat auch der Mameluck – Gehorsam ist des Christen Schmuck.«

Gehorsam gegenüber dem Willen Gottes, Gehorsam gegenüber den Geboten, Gehorsam denen gegenüber, die Gottes Ordnung repräsentieren. So verstanden die Mönche ihren Abt. So wollten Könige von ihren Vasallen, Eltern von ihren Kindern, Vorgesetzte von den ihnen Untergebenen verstanden werden. Es gibt also eine besondere, »christliche« Variante des Themas, die das eigene Denken und Fragen dem Gehorsam unterordnet.

Gehorsam als allein handlungsleitendes Prinzip kann schlimme Folgen haben. In jedem Prozess über Kriegsverbrechen taucht die Erklärung auf: »Ich habe nur dem Befehl gehorcht.«

Haben die Christen keinen anderen Schmuck als den Gehorsam?

Oder für die Altenpflege gefragt: Haben wir keine andere Qualität als ein Managementsystem, das präzise und ohne Abweichungen umgesetzt werden muss?

Eine Theologin unserer Zeit, Dorothee Sölle, hat dem Gehorsam die Fantasie gegenübergestellt. Sie sah sich dabei in der Tradition des Neuen Testaments:

»Tatsächlich verlangt Jesus ein äußerst waches Bewusstsein und eine äußerste Wahrnehmungsfähigkeit für andere Menschen ... Gehorsam in dem Sinne, dass da eine bestehende Ordnung erhalten werden soll, genügte Jesus nicht. Er erwartete, dass wir die Welt verändern – und eben dazu befreite er unsere Phantasie.«[24]

Es wird vielleicht nicht überraschen, dass sie diese Gedanken 1968 veröffentlichte.

Die Welt verändern wollten sie damals. Mit diesem Anspruch tun wir uns 40 Jahre später, während die 68iger gerade abdanken, schwer.

Und dennoch: Sie werden dringend gebraucht, die Fantasie und das eigene Denken für die Zukunft der Altenpflege. Damit sie nicht in freudloser Bürokratie erstickt. Die Altenpflege muss zu den Menschen passen, nicht die Menschen zur Altenpflege.

Denken Sie – und lassen Sie uns unsere Vorgaben verändern.

---

24 Dorothee Sölle, Phantasie und Gehorsam. Stuttgart 1968.

Anja Becker

*Altenpflegerin, seit 1993 bei der
Evangelischen Altenhilfe Gesundbrunnen*

»Ich finde es sehr wichtig,
sich Neuerungen nicht zu
verschließen, sondern ruhig mal
etwas auszuprobieren, was noch
nicht so erprobt ist.«

Das hilft mir, nicht betriebsblind zu werden.

Risikopotenzialanalyse
(1 Korinther 16,13f.)

Das Leben kann sehr gefährlich sein.

Das empfinden wir besonders im Blick auf kleine Kinder, die manche Gefahren noch nicht einschätzen können. Aber auch im Blick auf alte Menschen, deren Kräfte nachgelassen haben. Auch sie sind gefährdet, wenn Infektionen drohen, denen sie nicht mehr genügend Abwehrkräfte entgegensetzen können oder wenn sie stürzen und sich verletzen können.

So ist es gut und wichtig, wenn die Menschen, die für Pflege und Betreuung verantwortlich sind, auf Gefahren achten und Risiken richtig einschätzen.

Fachlich heißt das dann: Risikopotenzialanalyse.

Wie hoch ist das Risiko eines Pflegebedürftigen, zu stürzen, sich wund zu liegen, steife Gliedmaßen zu bekommen, sich zu verschlucken und zu ersticken?

Das alles soll eingeschätzt werden: Sturzrisiko, Dekubitusrisiko, Kontrakturenrisiko, Aspirationsrisiko – und noch einiges mehr.

Die Einschätzung dieser Risiken und Gefahren soll helfen, vorzubeugen und Schutzmaßnahmen zu ergreifen. Das ist sinnvoll und nützlich.

Vielleicht ist diese Bestandsaufnahme der Risiken manchmal auch beängstigend. Da erscheint der normale Alltag plötzlich als bedrohlich und der alte Mensch als einziger Risikofaktor. Das kann ja nur schiefgehen. Wie soll man sich da überhaupt trauen, Verantwortung zu übernehmen? Ich schlage einen Rat des Apostels Paulus vor.

Er schreibt an die Gemeinde in Korinth:

»*Wachet, stehet im Glauben, seid mutig und seid stark! Alle eure Dinge lasst in der Liebe geschehen.*« (1 Kor 16,13f.)

Die Wachsamkeit, das ist die Risikopotenzialanalyse.

»*Steht im Glauben*«, das ist die große Entlastung.

Nämlich zu wissen, dass wir das Leben letztlich nicht in der Hand haben.

Wir können weder uns noch andere vor allem bewahren. Wachsamkeit, Sorgfalt, Umsicht: Das kann und soll uns leiten. Aber dann ist es notwendig, zu erkennen, dass unsere Macht und Einflussmöglichkeit Grenzen hat. Kinder müssen allein laufen lernen und auf eigenen Beinen stehen, auch wenn das bedeutet, dass sie hinfallen und sich verletzen. Und auch alte Menschen müssen sich bewegen können und ihrem eigenen Willen folgen.

Steht im Glauben, das bedeutet, dass wir unsere Grenzen kennen und auch anerkennen.

Und dass wir Vertrauen haben. Dass wir vertrauen und glauben, dass Gott das Leben in der Hand hat, mit allen Risiken, aber auch jenseits aller Risiken.

Steht im Glauben, das ist die große Entlastung: Ihr seid nicht Gott. Vertraut euch ihm an.

Und wenn das klar ist: Dann *seid mutig und seid stark*.

Das müssen die sein, die die Risiken kennen und wachsam auf die Gefahren achten und dann gemeinsam den Tag gestalten. Pflege braucht Mut und Stärke. Damit man angesichts der Risiken nicht verzagt, sondern sich auf das besinnt, was möglich und was nötig ist. Es braucht Mut, die Sturzgefährdeten darin zu unterstützen, sich zu bewegen und zu gehen. Und es braucht die Stärke der Helfenden und alle noch vorhandenen Stärken der Hilfsbedürftigen. Nicht nur die Risiken sollen im Blick sein, sondern auch die Ressourcen.

Und schließlich: *Alle eure Dinge lasst in der Liebe geschehen*.

Die Risikopotenzialanalyse ist wichtig, Prophylaxen sind wichtig. Aber nicht sie sind das Ziel des pflegerischen Handelns, sondern das Wohlbefinden der Pflegebedürftigen. Um Beistand geht es, um Zuwendung und Unterstützung. So, wie man es sich für sich selbst wünschen würde.

Auch für uns kann kein anderer alle Gefahren des Lebens ausschalten. Aber einander im Augenblick der Gefahr beistehen, das können wir.

Alle eure Dinge lasst in der Liebe geschehen.

So lässt sich das Leben mit seinen Gefahren bestehen.

Kerstin Stodden

Altenpflegeschülerin, seit 2006 bei der
Evangelischen Altenhilfe Gesundbrunnen

»Etwas bewegen wollen ...«

Die Dankbarkeit der Menschen faszinierte mich. Dinge, die
für mich Kleinigkeiten darstellen, zum Beispiel ein einfacher
Spaziergang, sind für sie etwas Besonderes.

Um Dokumentation, um schriftliche Nachweise und Berichte geht es in der Pflege täglich.

Was muss und was soll aufgeschrieben werden? Weshalb wird so viel dokumentiert? Mit welchem Ziel?

Die AG zur Entbürokratisierung lehnte in der Vergangenheit eine Standardisierung der Dokumentation ab. Zu betonen sei die Klientenzentrierung und das Zweckbindungsprinzip.

Ich möchte Ihnen an dieser Stelle von einer ganz anderen Dokumentation erzählen. Der Evangelist Lukas leitet seinen Bericht mit einer Erklärung für den Adressaten ein.

»Den ersten Bericht habe ich gegeben, lieber Theophilus, von all dem, was Jesus von Anfang an tat und lehrte bis zu dem Tag, an dem er aufgenommen wurde, nachdem er den Aposteln, die er erwählt hatte, durch den heiligen Geist Weisung gegeben hatte.« (Apg 1,1f.)

Diesen selten gelesenen Sätzen können wir entnehmen, warum Lukas schreibt, für wen er schreibt und was ihn in seiner Dokumentation lenkt. Er will Überzeugungsarbeit leisten. Da gibt es einen Theophilus, der schon von der christlichen Lehre gehört hat. An ihn adressiert Lukas sein Evangelium und auch die Apostelgeschichte:

»Damit du den sicheren Grund der Lehre erfahrest, in der du unterrichtet bist.« (Lk 1,4) Lukas will Theophilus nachhaltig von der christlichen Lehre überzeugen.

Er dokumentiert sogar die Art seines schriftstellerischen Vorgehens: »Viele haben es schon unternommen, Bericht zu geben …« Das heißt, er verfügt über schriftliche Vorlagen. Und angefangen hat es mit den Augenzeugen:

»… die es von Anfang an selbst gesehen haben und Diener des Worts gewesen sind.« (Lk 1,2)

Die, die selbst dabei waren, als Jesus lebte, und die davon weitererzählt haben. Lukas hat alles sorgfältig geprüft und, wie er versichert, in guter Ordnung aufgeschrieben.

Was also dokumentiert Lukas? Was er an Informationen vorgefunden hat.
Was will er aufschreiben? Was die christliche Lehre untermauert.

Dabei hat er seinen Adressaten genau im Blick.
Lukas schreibt ein relativ gehobenes, gebildetes Griechisch. Und er legt Wert darauf, davon zu berichten, wie Jesus schon zu seinen Lebzeiten auch angesehene Bürger des römischen Reiches überzeugt hat, zum Beispiel den Hauptmann von Kapernaum oder die wohlhabende Johanna, die Frau des königlichen Verwalters.
Das betont er, damit der hochverehrte Theophilus sich in guter Gesellschaft weiß.

Lukas fühlt sich sowohl seinem Stoff verpflichtet, den er sorgsam überliefert, als auch seinen Lesern und seinem Ziel.
Und er hat überzeugt mit seiner Dokumentation.

Was lässt sich von ihm lernen?
Keine Dokumentation ist neutral. Keine Dokumentation dient dem Selbstzweck.

Das Ziel der Pflege ist das beste Ergebnis für die Pflegebedürftigen. Dazu gehört die sorgfältige Anamnese, Pflegeplanung und Dokumentation.
Und auch hier ist es wichtig, dass die Art der Dokumentation passt, dass sie verständlich und nachvollziehbar ist für die, die damit arbeiten, und für die, die sie kontrollieren.

Katrin Glaß

*Pflegedienstleiterin, seit 2003 in der
Evangelischen Altenhilfe Gesundbrunnen*

»Ein Kampf gegen
Windmühlen.«

*Das Schwierige an meiner Arbeit ist unter
anderem der Umgang mit Behörden – zum
Beispiel, wenn ein Bewohner dringend einen
Pflegerollstuhl benötigt.*

Prophylaxe

Vorsicht ist besser als Nachsicht, sagt ein Sprichwort.

Und Vorsicht ist ein wichtiges Thema im Gesundheitswesen. Hier heißt Vorsicht Prävention. Das Wort kommt aus dem Lateinischen und heißt übersetzt: Zuvorkommen. Bevor sich durch Krankheit oder zunehmende Schwäche der Gesundheitszustand verschlechtert, wollen Ärzte und Krankenkassen unterstützen.

In der Pflege findet sich das Thema wieder und wird ergänzt durch Prophylaxen: Sturzprophylaxe, Dekubitusprophylaxe, Kontrakturenprophylaxe usw. Noch so ein Fremdwort: Vorschützen. Hier geht es ganz viel um Bewegung: Wer beweglich bleibt und das Gehen übt, ist weniger sturzgefährdet. Wer öfter die Haltung oder Position wechselt, wer nicht nur liegt, sondern mit Hilfe aufsteht, der wird nicht wund. Wer Finger und Hände regt, auch mit Hilfe, läuft nicht Gefahr, dass die einzelnen Finger oder die ganze Hand unbeweglich in einer Stellung verharren und steif werden.

Das klingt ganz einfach und kostet doch Überwindung.

Gerade, wenn sich jemand vor dem Fallen fürchtet, vermeidet er Bewegung und bleibt lieber im sicheren Sessel.

Gerade, wenn jemand Angst hat, sich zu erkälten, geht er bei schlechtem Wetter lieber gar nicht nach draußen.

Wenn noch dazu Anstrengung und vielleicht sogar Schmerzen mit der Bewegung verbunden sind, spricht noch viel weniger dafür.

Es liegt uns viel näher, vorzubeugen, indem wir stillhalten. Das gilt nicht nur für die Gesundheit. Auch im Beruf sind wir bestrebt, Misserfolge und Fehler zu vermeiden. Und da gibt es den frechen Spruch:

Wer viel arbeitet, macht viele Fehler. Wer wenig arbeitet, macht wenig Fehler.

Was wäre also die beste Vorbeugung gegen Fehler? Gar nicht arbeiten.

Das ist nicht nur zum Lachen.

Sicher gibt es tatsächlich Situationen, in denen Mitarbeiterinnen aus Angst, etwas falsch zu machen, lieber gar nichts tun. Und eine gewisse Vorsicht ist gerade im Umgang mit schwachen und verletzlichen Menschen ja auch angebracht.

Doch wenn die Angst, Fehler zu machen, tatsächlich für das Handeln bestimmend wird oder Handeln verhindert, dann geht es für alle Beteiligten schlecht aus.

Jesus erzählt dazu das Gleichnis von den anvertrauten Pfunden (Mt 25,14–30).

Ein Fürst, der sich auf eine Reise begibt, vertraut zehn Knechten zehn Pfund an und gibt ihnen den Auftrag, damit zu wirtschaften. Als er zurückkommt, lässt er sich berichten. Der erste hat gut gearbeitet und hatte Glück. Er meldet stolz, dass er mit seinem einen Pfund zehn erwirtschaftet hat. Der Fürst lobt ihn und beauftragt ihn, zukünftig zehn Städte für ihn zu verwalten. Auch der zweite hat erfolgreich gearbeitet und mit dem einen Pfund fünf gewonnen. Auch mit ihm ist sein Fürst sehr zufrieden und macht ihn zum Verwalter über fünf Städte. Dann kommt der dritte. Er wickelt sein Pfund aus einem Tuch und gibt es so zurück, wie er es bekommen hatte. Und er gesteht, dass er Angst vor seinem Herrn gehabt und deshalb lieber gar nichts unternommen hat.

Der Fürst wird zornig. Nicht einmal zur Bank gebracht hat der furchtsame Mann das Geld, damit es Zinsen bringt. Er lässt ihm das Geld abnehmen, gibt es dem, der am besten gewirtschaftet hat und jagt den dritten Knecht davon.

Jesus ermahnt dazu, das einzusetzen, was einem anvertraut ist, weil es sonst vergeudet ist.

Nur wer auch Fehler macht, wird dazulernen. Nur wer sich bewegt, bleibt beweglich – und kann dann vielleicht sogar einen Sturz aushalten und wieder auf die Beine kommen.

Was kann Menschen ermutigen dazu, ihre Angst zu überwinden?

Vielleicht Ronja Räubertochter von Astrid Lindgren.[25]

In diesem Kinderbuch gibt der Vater seiner Tochter viele gute Ratschläge, wovor sie sich unbedingt hüten soll, wenn sie allein in den Wald geht:

»Hüte dich davor, dich zu verirren, hüte dich davor, in den Fluss zu plumpsen, hüte dich davor, in den Abgrund zu stürzen« –, und die Mutter fügt dazu, sie solle sich nicht fürchten. Das Mädchen überlegt, wie sie alle diese Ratschläge am besten befolgen kann. Und während der folgenden Tage tut sie nichts anderes, als dass sie sich vor allem Gefährlichen hütet und sich darin übt, keine Angst zu haben. In den Fluss zu plumpsen, davor soll sie sich hüten, hat der Vater gesagt, und darum springt sie am Ufer kühn von einem Stein zu anderen, dort wo das Wasser am wildesten tost. Schließlich kann sie sich ja nicht im Wald davor hüten, in den Fluss zu plumpsen.

Und so hütet sie sich und übt eifriger, als ihre Eltern ahnen und wird geschmeidig und stark und furchtlos.

Eine märchenhafte Geschichte, die die Kinder, die sie lesen, vielleicht nicht in jeder Einzelheit nachahmen sollten.

Und dennoch gibt sie genau das wieder, was auch wir für eine erfolgreiche Arbeit und eine sinnvolle Prophylaxe brauchen: Nicht furchtsam sein, sondern das üben, was uns zunächst schwerfällt.

Keine Angst haben vor Fehlern oder dem großen Fall, sondern uns einsetzen, so gut wir können.

Das ist keine Frage des Alters. So lernen Kinder, so entwickeln sich Menschen im Beruf, so erhalten alte Menschen ihre Selbstständigkeit. Wenn sie mit dem handeln, was sie bekommen haben.

---

25 Astrid Lindgren, Ronja Räubertochter. Hamburg 1982.

Audit

Audit ist lateinisch und heißt: Er oder sie hört.

In Altenheimen ist das Audit die Überprüfung des Qualitätsmanagements.

Die Auditorin hört. Sie kann nur das hören, was die Mitarbeiterinnen zu Protokoll geben, sie kann nur das sehen und feststellen, was sie nachgewiesen haben. Sie kann nur das fragen, was ihr bekannt ist, womit sie rechnet, was die Checkliste auf der einen Seite und die Qualitätsmanagement-Unterlagen auf der anderen Seite ihr nahelegen.

Und dann fragt man sich: Hat sie richtig gehört? Hat sie die Arbeit richtig wahrgenommen und erkannt? Fühlen sich die Mitarbeiterinnen verstanden? Nicht immer.

Und dann bekommen sie etwas zu hören: Abweichungen oder Hinweise und Empfehlungen. Daraus werden Maßnahmen folgen.

Und dann geht es in die nächste Runde: Erst beim nächsten Audit werden sie wieder befragt, auch daraufhin, ob sie richtig zugehört haben.

Und auch hier wird sich wohl herausstellen: Nicht immer.

Dabei klingt das so einfach: Er oder sie hört.

Doch schon Jesus hat deutlich gemacht, dass das mit dem Hören so eine Sache ist. »Wer Ohren hat, der höre!« (Mt 11,15), sagt er. Tun das nicht alle, kann man sich fragen. Haben nicht alle Ohren und hören? Haben nicht alle Augen und sehen?

Jesus hat kein großes Zutrauen zu den Ohren und Augen seiner Zeitgenossen. Ihre Augen sehen nur, was sie sehen wollen. Sie erkennen nur, was sie schon kennen.

Da beteuern sie, dass sie auf den Messias warten, auf einen Boten Gottes. Doch wenn Johannes der Täufer dann kommt und Gottes Zorn verkündet und sie zur Umkehr ruft, dann halten sie ihn für einen Spinner.

»Seht ihn doch an, diesen komischen Wüstenheiligen. Wickelt sich in Kamelhaar, isst nur Heuschrecken und Honig und stößt finstere Drohungen aus!«

Ihre Augen sehen keinen Gottesboten. Ihre Ohren hören keine Gottesbotschaft.

Johannes der Täufer wurde enthauptet. Der Landesfürst Herodes wollte nichts hören.

Wer Ohren hat, der höre!
Wie ist das mit fremden Botschaften?
Sie werden ersehnt und gesucht.
Doch wer will sie hören? Wer kann sie hören?
Wer Ohren hat, sie zu hören, das ist nicht ausgemacht.

Es hängt auch von uns ab, was wir hören können.

Es hängt davon ab, was wir bereit sind, zu hören, was wir hören wollen.

Oder vielleicht genauer: Was wir mit den Ohren hören und uns zu Herzen nehmen wollen.

Die alten jüdischen Gelehrten wollten das Gotteswort unbedingt hören und sich zu Herzen nehmen. Sie banden sich Bibelsprüche in einer Kapsel um den Kopf oder mit einem Band um den Arm oder brachten sie an bestimmten Stellen im Haus an.

»Darauf will ich hören«, sagten sie auf diese Weise. »Dieses Gotteswort soll meine Gedanken und das Tun meiner Hände lenken. Dieses Gotteswort soll das Leben in meinem Haus bestimmen.«

Auch Christen haben später auf die Balken ihrer Häuser ein Bibelwort gemalt oder eingeritzt – oder ein Bekenntnis: »Wer Gott vertraut, hat wohl gebaut« zum Beispiel.

Eine schöne Sitte, die deutlich macht, worauf die Erbauer dieser Häuser hören wollten.

Obwohl unsere Ohren scheinbar von ganz allein hören, wird nur das wirklich bei uns ankommen, was wir wollen. Das ist unsere Entscheidung.

Dazu muss nun wirklich nicht jedes Nachweisdokument des Qualitätsmanagements gehören.

Umso wichtiger ist es, dass wir gut und bedachtsam auswählen und entscheiden, auf welche Worte, Gottesworte und Menschenworte, wir hören wollen und ihnen Bedeutung für unser Leben und Handeln geben.

Qualität

»Den Geist dämpft nicht. Prophetische Rede verachtet nicht. Prüft aber alles, und das Gute behaltet.« (1 Thess 5,19–21)

Diese Sätze sind wie für die Qualitätsentwicklung gemacht. Auch wenn es ungewöhnlich ist: Die Briefe des Apostels Paulus lassen sich durchaus unter diesem Blickwinkel betrachten. Denn es geht um die Qualität des Lebens in den von ihm gegründeten Gemeinden. Diese Qualität soll für die Gemeindemitglieder spürbar sein und sie in ihrer Entscheidung bestärken, zu dieser Gemeinde zu gehören.

Sie soll auch sichtbar werden für ihre Umgebung, für die Städte Thessaloniki oder Korinth oder Ephesus. Die Gemeinden sollen anziehend sein und für den neuen Glauben werben. Und Paulus geht noch weiter: das Leben der Gemeinden soll in seiner Qualität Gott entsprechen. Die Qualität der Gemeinde soll die Güte Gottes widerspiegeln.

Das klingt für heutige Ohren vielleicht recht fern, muss es aber nicht.

Auch die Qualitätsziele für die Altenpflege haben viel zu tun mit der Zufriedenheit der betroffenen Menschen. Und das eigens entwickelte Diakoniesiegel Pflege macht deutlich, dass hier Maßstäbe angelegt werden, die auch mit dem christlichen Glauben zu tun haben. Man könnte sagen: Ziel aller Bemühungen ist es, dass alle beteiligten Menschen zufrieden sind mit dem, was da getan wird, und dass es dem entspricht, was vor Gott als gut gilt.

Kann man das so sagen?

Eigentlich schon, auch, wenn es im ersten Moment ungewohnt scheint.

Im Raum von Kirche und Diakonie beschäftigt man sich traditionell kaum mit einer Kategorie wie Zufriedenheit; in modernen Altenpflegeeinrichtungen wohl: Mit der Zufriedenheit oder Unzufriedenheit von Bewohnerinnen und Bewohnern, von Angehörigen und Besuchern. Mit der Zufriedenheit oder Unzufriedenheit von Mitarbeiterinnen und Mitarbeitern, Kolleginnen und Kollegen.

Wie also sollen diakonische Alten- und Pflegeheime aussehen?

Paulus hat gefordert, dass die Gemeinde sich daran messen lassen muss, ob das, was sie tut, eigentlich dem entspricht, was sie glaubt und verkündet.

Als Beispiel dient ihm das Abendmahl. Hier hinterfragt er das, was die Gemeinde tut, und weist sie darauf hin, wie schädlich und abschreckend ihr Verhalten auf ihn wirkt.

Dieses Beispiel passt ganz gut auch zu heutigen Fragen der Qualität von Altenpflege: Wie steht es hier mit der Essensversorgung? Welche Kostformen werden angeboten? Wird das Essen so gereicht, dass Gemeinschaft möglich ist und der Einzelne das Essen genießen kann? Wird auch ein Mensch mit Nahrungssonde noch oral ernährt, um ihm Lebensqualität zu erhalten?

Diese Fragen beschäftigten anders, und doch ähnlich, auch die damaligen Gemeinden, in denen das Abendmahl – in der Art, wie wir es kennen – mit den gemeinsamen Mahlzeiten verbunden wurde. Das hatte neben dem gesselligen auch einen sozialen Charakter, da Herkunft und Versorgungssituation der Gemeindeglieder sehr unterschiedlich waren.

Lukas betont in seiner Apostelgeschichte ausdrücklich, wie eng die Qualität der ersten Gemeinde in Jerusalem mit ihrer »guten« Abendmahlspraxis zusammenhing – und zwar aus der Sicht der Gemeindeglieder und aus der Sicht des Umfeldes:

»Sie blieben aber beständig in der Lehre der Apostel und in der Gemeinschaft und im Brotbrechen und im Gebet. Es kam aber Furcht über alle Seelen und es geschahen auch viele Wunder und Zeichen durch die Apostel. Alle aber, die gläubig geworden waren, waren beieinander und hatten alle Dinge gemeinsam. Sie verkauften Güter und Habe und teilten sie aus unter alle, je nachdem es einer nötig hatte. Und sie waren täglich einmütig beieinander im Tempel und brachen das Brot hier und dort in den Häusern, hielten die Mahlzeiten mit Freude und lauterem Herzen und lobten Gott und fanden Wohlwollen beim ganzen Volk. Der Herr aber fügte täglich zur Gemeinde hinzu, die gerettet wurden.« (Apg 2,42–47)

»Alle, die gläubig geworden waren, hielten die Mahlzeiten mit Freude …« – die Zufriedenheit der Gemeinde,
  »und fanden Wohlwollen beim ganzen Volk …« – die Zufriedenheit des Umfeldes:
   »der Herr aber fügte täglich zur Gemeinde hinzu …« – Gott drückt seine Zufriedenheit durch die Stärkung der ursprünglich kleinen Gruppe aus.

Demgegenüber beklagt Paulus die negativen Auswirkungen einer »schlechten« Abendmahlspraxis in Korinth:

»Dies aber muss ich befehlen: Ich kann's nicht loben, dass ihr nicht zu eurem Nutzen, sondern zu eurem Schaden zusammenkommt. Zum Ersten höre ich: Wenn ihr in der Gemeinde zusammenkommt, sind Spaltungen unter euch; und zum Teil glaube ich's. Denn es müssen ja Spaltungen unter euch sein, damit die Rechtschaffenen unter euch offenbar werden. Wenn ihr nun zusammenkommt, so hält man da nicht das Abendmahl des Herrn. Denn ein jeder nimmt beim Essen sein eigenes Mahl vorweg und der eine ist hungrig,

der andere ist betrunken. Habt ihr denn nicht Häuser, wo ihr essen und trinken könnt? Oder verachtet ihr die Gemeinde Gottes und beschämt die, die nichts haben? Was soll ich euch sagen? Soll ich euch loben? Hierin lobe ich euch nicht.« (1 Kor 11,17–22)

Die von Paulus kritisierte Praxis führt zu Konflikten und Spaltungen innerhalb der Gemeinde, also sicher zur Unzufriedenheit vieler. Der Ruf der ganzen Gruppe nimmt Schaden in Korinth und Paulus droht schließlich mit dem Zorn Gottes.

Alle Beteiligten haben einen persönlichen Eindruck von der Qualität ihrer Arbeit, von dem, was sie tun. Eine ganz einfache Wahrheit.

Was ist zu tun, wenn sich auf verschiedenen Ebenen Unzufriedenheit feststellen lässt?

Zurück zu Paulus:

»Den Geist dämpft nicht.«

Den Geist, der z. B. Mitarbeiter, Kolleginnen, zuweilen auch Vorgesetzte in Bewegung bringt, auf neue Ideen, zu ungewöhnlichen Maßnahmen. Da liegt es so nahe, auf dem Hintergrund langjähriger Erfahrung anzunehmen: Das klappt sowieso nicht … das ist ganz schwierig … Auf diese Weise wird manche Idee in den Windeln erwürgt und der Geist gedämpft. Damit es keine Unruhe gibt, kein Risiko, keine Unbequemlichkeit – auch nichts Fremdes … »das geht doch nicht …« Den Geist dämpft nicht! Wie soll sonst Neues und auch Besseres entstehen?

»Prophetische Rede verachtet nicht.«

Prophetische Rede im biblischen Sinn war oft sehr kritisch. Da ging es nicht in erster Linie um Vorhersagen, sondern um das deutliche Benennen von Missständen. Kritik wird nicht gern gehört. Man fühlt sich leicht angegriffen und holt deshalb zur Verteidigung, zur Rechtfertigung oder zum Gegenangriff aus. Da sollen Kollegen erst mal zeigen, dass sie es besser machen können. Und Kunden, die sich beschweren, sind bestimmt Querulanten oder notorische Nörgler.

Kritik meiden, prophetische Rede verachten, weil man das vernichtende Urteil fürchtet. Die biblischen Propheten wollten eigentlich zur

Umkehr rufen, zu einer neuen Praxis, gerade um die negativen Folgen zu verhindern.

Also: Prophetische Rede verachtet nicht – nehmt Kritik und Beschwerden ernst, um daraus Schlüsse zu ziehen für notwendige Veränderungen. »Beschwerdemanagement« heißt das dann im Qualitätsmanagement. Und damit ist nicht gemeint, die Kunden irgendwie zu beschwichtigen oder abzuwimmeln, sondern sie ernst zu nehmen und sich zu bemühen, sie trotz anfänglicher Kritik zufrieden zu stellen.

»Prüft aber alles, und das Gute behaltet.«
Dieser Satz ist vielleicht am erstaunlichsten aus dem Mund des Paulus. Weil aus seinen Worten eine sehr große Weite und Offenheit spricht. Mehr, als wir sie oft haben.

Prüft alles, mit Neugier und mit der Vermutung, dass sich von anderen etwas lernen lässt, aber: Das Gute behaltet.

Dem Urteil der Betroffenen wird zugetraut, dass sie in der Lage sind, herauszufinden, was für ihren Kontext gut ist. Diese Einstellung führt zu Beteiligung und Selbstverantwortung.

So lässt sich Qualität gemeinsam entwickeln und sichern: Den Geist dämpft nicht. Prophetische Rede verachtet nicht. Prüft alles, und das Gute behaltet.

Ich sehe was, was du nicht siehst

Kennen Sie das Spiel: Ich sehe was, was du nicht siehst?

»Ich sehe was, was du nicht siehst – und das ist rot.«

Kinder spielen das, zum Beispiel bei langen und langweiligen Autofahrten. Das Einzige, was der, der rät, weiß, ist die Farbe. Und dann geht es darum, möglichst schnell zu überprüfen, was der andere von seinem Platz aus sehen kann: ein Haus, ein Auto, eine Kuh, einen Hochsitz ... Helfen kann auch das Wissen über die Vorlieben des anderen. Was fällt ihm wohl ins Auge, was gefällt ihm? Es gewinnt der, der schnell und gut beobachtet und der sich in einen anderen hineinversetzen kann.

Das ist keine schlechte Übung für Altenpflegerinnen.

Für sie geht es auch darum, Bewohnerinnen gut zu beobachten, damit sie merken, ob sich der Gesundheitszustand verschlechtert oder kritisch zuspitzt. Und bei der Betreuung von Menschen mit Demenz ist es ebenso wichtig, genau wahrzunehmen, was jemand möchte, wann er oder sie sich wohl fühlt oder nicht. In der Ausbildung gibt es Übungen, bei denen man selbst ausprobieren kann, wie sich etwas anfühlt aus Sicht einer Bewohnerin, z. B., wie es ist, wenn man Essen gereicht bekommt.

In dem Roman »Zusammen ist man weniger allein« wird so etwas schön beschrieben.[26]

Da übernimmt eine junge Frau die Pflege einer alten Frau. Und die geniert sich furchtbar, wenn sie von Kopf bis Fuß gewaschen wird. Sie hat Angst, die junge Frau könnte sich ekeln und schon den Anblick der faltigen Haut abstoßend finden. Noch während sie herumdruckst, steigt die junge Frau zu ihr in die Wanne, gibt ihr den Waschlappen in die Hand und sagt: »So, jetzt waschen Sie mich.« Und sie fragt sie auch, ob sie sie vielleicht zu dünn findet und ob ihr das etwas ausmacht.

Danach hat die alte Frau kein Problem mehr damit, sich von ihr waschen zu lassen.

---

26 Anna Gavalda, Zusammen ist man weniger allein, Fischer Taschenbuch Verlag, Frankfurt am Main 2006.

Diese Szene ist nicht unbedingt zur Nachahmung zu empfehlen, schon gar nicht in einem Altenheim.

Aber die Idee ist schön, dass auch die junge Frau ausprobiert, wie es ist, von einer Fremden gewaschen zu werden. Und die alte Frau kann für sich überprüfen, wie es umgekehrt ist.

So ein Rollentausch kann helfen, sich in jemand anderen hineinzuversetzen, zu sehen, was er sieht und vielleicht sogar zu fühlen, was er fühlt.

Unser christlicher Glaube geht davon aus, dass Gott selbst das getan hat. Dadurch, dass er in Jesus Mensch geworden ist. Und dieser Mensch Jesus scheut nicht davor zurück, sich in Situationen hineinzubegeben, die andere eher unangenehm fanden.

Einmal wäscht er seinen Jüngern die Füße, als sie nach einem langen Weg auf staubigen Straßen abends angekommen waren. Das war eine Arbeit, heute würden wir sagen, »ein Service«, den sonst Dienstboten oder Sklaven übernahmen.

Die Jünger sollen an seinem Beispiel etwas lernen: »Ihr nennt mich Meister und Herr und sagt es mit Recht, denn ich bin's auch. Wenn nun ich, euer Herr und Meister, euch die Füße gewaschen habe, so sollt auch ihr euch untereinander die Füße waschen. Ein Beispiel habe ich euch gegeben, damit ihr tut, wie ich euch getan habe.«

Sie sollen sich nicht übereinander erheben, sich nicht voneinander entfernen, sondern dabeibleiben, einander von gleich auf zu begegnen.

Und dazu ist es wichtig, sich in den anderen hineinzuversetzen.

Das gilt für Altenpflegerinnen und Bewohnerinnen. Das gilt aber auch für das Verhältnis und das Verständnis unter Kolleginnen und Kollegen, z. B. zwischen Pflege und Hauswirtschaft. Die Tätigkeiten sind unterschiedlich, die Arbeitszeiten und auch der Blick auf die Altenhilfe. Es wird nur selten gelingen, die Rollen zu tauschen.

Und doch wäre es wäre wichtig, dass es gelingt, einander nicht aus den Augen zu verlieren, sondern sich für die Situation und die Sichtweisen der anderen zu interessieren.

Dazu gehört dass Zutrauen, dass alle an ihrem Platz tun, was sie können, trotz schwieriger Bedingungen und neuer Herausforderungen.

Ich sehe was, was du nicht siehst – so fängt das Kinderspiel an.
Und gewonnen hat, wer das entdeckt, was der andere sieht.

Frank Bertram

Haustechniker, seit 2005 bei der
Evangelischen Altenhilfe Gesundbrunnen

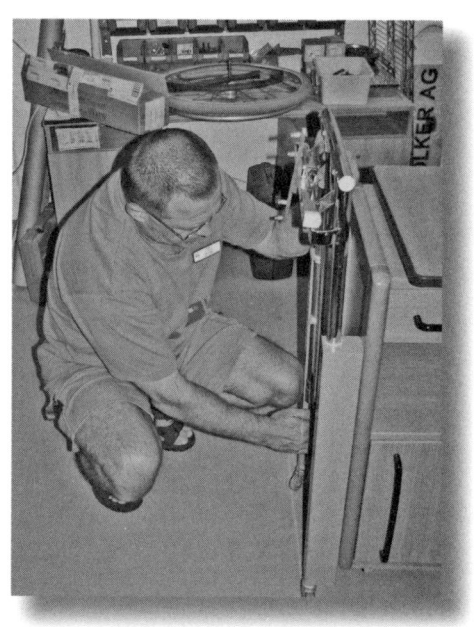

»Meine Arbeit wird nie langweilig.«

Ein Bewohner begleitet mich manchmal bei meiner
Arbeit. Ich denke, er fühlt sich wichtig und gebraucht
und irgendwie stimmt das ja auch.

Sag die Wahrheit

»Ich muss schnell nach Hause. Meine Mutter wartet doch und schimpft, wenn ich zu spät zum Essen komme«, sagt die alte Dame. »Da haben Sie sicher Angst. Kommen Sie, ich begleite Sie ein Stück«, sagt die Altenpflegerin. Beide gehen den Flur entlang und reden noch ein bisschen über strenge Mütter und Essenszeiten – und landen gemeinsam im Speisesaal. Eine Praktikantin wundert sich: »Warum sagen Sie ihr denn nicht die Wahrheit? Ihre Mutter ist doch längst tot und ihr Zuhause ist schon lange hier im Heim.«

Soll man immer die Wahrheit sagen?
    Die Frage ist nicht so leicht zu beantworten, wie man vielleicht denkt. Und nicht nur im Umgang mit Menschen mit Demenz.

Soll man Schwerkranken die Wahrheit sagen über ihren Zustand? Sollen Politiker in Deutschland sagen, dass die vollständige Angleichung der Lebensverhältnisse in Ost- und Westdeutschland nicht zu erwarten ist?

Ist das ehrlich und gut, die Wahrheit zu sagen oder ungeschickt und psychologisch unklug?
    Wird der Schwerkranke verzweifeln? Werden die Menschen in Ostdeutschland resignieren oder aus Protest extreme Parteien wählen?

Wem nutzt es, die Wahrheit zu sagen? Dem, der sie sagt, weil er sich dann leichter fühlt? Oder dem, der sie gesagt bekommt, weil er dann weiß, woran er ist?

Soll man immer die Wahrheit sagen?
    Was steht in der Bibel?
    Du sollst die Wahrheit sagen und nicht lügen: Ist das nicht eines der Zehn Gebote?
    Nicht ganz: *»Du sollst nicht falsch Zeugnis reden wider deinen Nächsten«* *(Ex 20,16),* heißt es in den Zehn Geboten.
    Eine falsche Aussage vor Gericht, mit der ein Mensch zu Unrecht be-

lastet wird, davon ist hier die Rede, nicht von der Wahrheit im Allgemeinen.

In der Bibel geht es nicht um die Wahrheit aus Prinzip oder als Prinzip. Es wird verboten, die Unwahrheit zu sagen, um anderen zu schaden. Und den Propheten wird befohlen, die Wahrheit zu sagen, um Schaden abzuwenden.

Den Propheten wäre es manchmal lieber gewesen, nichts sagen zu müssen, um sich nicht unbeliebt zu machen. Doch sie durften nicht schweigen. Sie mussten den Willen Gottes verkünden.

Das Volk Israel sollte hören. Um sich entscheiden zu können. Um selbst die Verantwortung zu übernehmen. Die Bibel sagt also: Die Wahrheit soll Menschen nutzen.

Keine Falschaussagen und Unwahrheiten sollen Menschen gezielt schaden oder ihnen den Ernst ihrer Lage verschleiern.

Was sollen wir anderen sagen?

So muss die Frage in der Tradition der Bibel lauten. Wir sind vor Gott verantwortlich für das, was wir sagen. Und wir tragen Verantwortung füreinander. Wenn wir die Wahrheit sagen, soll sie anderen Menschen nutzen. Wir sollen andere nicht täuschen und manipulieren mit falschen Aussagen und Unwahrheiten, weil es für uns bequemer ist.

Und gleichzeitig sind wir verantwortlich dafür, wie wir etwas sagen, wem und wann. Eltern z. B. müssen Kindern nicht alles sagen, was sie wissen. Die Kinder müssen es verkraften können. Aber das, was ihnen gesagt wird, soll wahr sein.

In einem Ratgeber für die Begleitung Sterbender steht:

»Die Wahrheit soll nicht wie ein nasser Lappen sein, den man dem anderen um die Ohren schlägt, sondern wie ein Mantel, den man ihm hinhält, um hineinzuschlüpfen.«

Das ist ein schönes Bild.

Ein Mantel soll nicht beschweren und niederdrücken, sondern den wärmen, der ihn trägt und ihn schützen. So soll auch die Wahrheit weitergesagt werden, dass sie von Nutzen ist und Schutz bietet.

Die Wahrheit für die alte Dame mit Demenz war, dass sie an ihre Mutter dachte und Angst hatte. Der »warme Mantel« ist dann die Anerkennung dieser Angst und der ganz lebendigen Erinnerungen. Diese Wahrheit kann ausgesprochen werden und die Anteilnahme wird sie wärmen und ihr guttun.

»Wie im Traum …« – Demenz

Wenn wir träumen, ist das wie ein Ausflug auf den Dachboden oder in den Keller unserer Erinnerungen.

Auf dem Boden steht eine Kiste mit Kinderspielzeug neben einem Schaukelpferd. Dann kommt ein Karton mit alten Schulheften und Grundschulzeugnissen, daneben vielleicht die Wanne mit dem verpackten Goldrandgeschirr der Großmutter.

Vielleicht findet sich in einer anderen Kiste der Konfirmationsanzug oder ein Brautkleid oder Kleider und Schuhe, die unmodern sind, aber zu schade zum Wegwerfen – Erinnerungsstücke aus ganz verschiedenen Lebensphasen. Alles steht nebeneinander oder ist übereinandergestapelt, nicht unbedingt in der richtigen zeitlichen Reihenfolge.

Und so ist es in den Träumen auch: Plötzlich findet man sich im Haus der Kindheit oder trifft auf Klassenkameraden, die man seit Jahren nicht gesehen hat. Und daneben sitzt eine Kollegin aus der Gegenwart. Typisch ist für solche Träume auch, sich trotz bekannter Räume und Straßen zu verirren oder dringend einen Zug erreichen zu müssen.

Angst kommt auf: Wie komme ich hier weg? Wie komme ich nach Hause?

Der Traum kann so anstrengend und beängstigend sein, dass man sich beim Aufwachen nicht erholt, sondern erschöpft fühlt.

Manchmal taucht aber in dem Durcheinander auch ein vertrauter Mensch auf, der auf jeden Fall Freund und nicht Feind ist und alles wird gut.

So ähnlich wie diese Träume kann man sich das Erleben und die besondere Welt von Menschen mit Demenz vorstellen. Was ein gesunder Mensch gut unterscheiden kann, Vergangenheit und Gegenwart, geht durcheinander. Und die bekannten Gesichter und das, was sie beschäftigt, liegen eher in der Vergangenheit.

Da fragt ein sehr alter Mensch plötzlich nach seinen Geschwistern und Eltern und erkennt die Ehefrau oder die eigenen Kinder nicht mehr. Und er wird ganz unruhig, weil er dringend nach Hause will. Damit meint er dann aber nicht das Pflegeheim, in dem er jetzt lebt, und nicht einmal das Haus, in dem er zuvor gelebt hat, sondern sein Elternhaus.

Da ist schwer zu helfen. Die Räume und Menschen eines ganzen Lebens purzeln durcheinander. Zur Freude, wenn einer sich an schöne Dinge und liebe Menschen erinnert. Aber auch zum Fürchten, wenn jemand an schlimme Begebenheiten denkt und sich vor Menschen fürchtet, vor denen er als Kind Angst hatte.

Und alle um ihn herum wissen nicht, wo er gerade ist in seinen Gedanken und Gefühlen und was ihn da beunruhigt. Einem Menschen mit Demenz sein Erleben und seine Gefühle ausreden kann man nicht. Sie sind für ihn genauso real wie für uns die Gegenwart.

Aus diesem andauernden »Traumzustand« können weder die Angehörigen noch Pflegekräfte ihn holen. Das ist schwer auszuhalten. Und dennoch gilt, was ein Arzt über das Verhältnis eines Mannes mit Demenz zu seiner Frau sagt:

»Ob er sie erkannte oder nicht, …, stets hatte er zumindest eine dumpfe Ahnung, dass diese Frau inmitten einer unüberschaubaren und bedeutungslosen Welt Sicherheit, Gewissheit und Geborgenheit bedeutete.«[27]

---

27 Sherwin B. Nuland, Wie wir sterben. München 1994.

Das ist eine Möglichkeit und zugleich ein erstrebenswertes Ziel: Dass Angehörige und Pflegekräfte für einen Menschen mit Demenz zu einer guten und tröstlichen Traumgestalt werden, an die er sich wenden kann in seiner Angst.

Mich erinnert das an den 23. Psalm, den viele Menschen schon als Kind kennen gelernt haben:
>>Und ob ich schon wanderte im finstern Tal, fürchte ich kein Unglück, denn du bist bei mir.<< (Ps 23,4)

Damit ist Gott als der gute Hirte gemeint. Eine Gestalt, die im Hellen und im Dunkeln, im Wachen und im Träumen da ist. Die Bilder vom guten Hirten, die Worte des Psalms oder auch die Melodie eines alten Kirchenliedes können Menschen mit Demenz da erreichen, wo sie gerade sind.

Und dieser Glaube an den guten Menschenhirten kann uns trösten und vielleicht sogar die, für die sich die Gegenwart so verdunkelt hat.

Jesus als Heimbeirat

Wenn man Mitarbeiterinnen in einem Pflegeheim fragen würde, was ihre Arbeit ist und was typisch dafür ist, könnten sie ganz unterschiedliche Antworten geben. Zum einen wären die Antworten sicherlich auf dem Hintergrund ihrer verschiedenen Tätigkeiten sehr unterschiedlich:

Da geht es um Raumpflege und Hygiene, um die Verpflegung der Bewohnerinnen und Bewohner durch die Küche, um Pflege und Betreuung.

Und auch, wenn bei einigen der Tätigkeitsbereich ähnlich ist, wären wohl die Antworten darauf, was sie eigentlich tun, unterschiedlich.

Jemand, der sich wirklich dafür interessiert, was sie tun und was das für ein Haus ist, in dem sie arbeiten, könnte noch zu zwei anderen Punkten nachfragen:

Was ist eigentlich das Besondere an der Altenpflege?
Was ist das Besondere an einem Evangelischen Alten- und Pflegeheim?

Für die erste Frage müsste man erklären, dass hier, anders als in einem Krankenhaus, alte Menschen dauerhaft leben und betreut und gepflegt werden, weil sie aufgrund bestimmter Altersleiden nicht mehr allein leben können. Es geht weniger um medizinische Behandlung oder Heilung, sondern mehr um Unterstützung und Begleitung.

Die zweite Frage ist möglicherweise schwieriger zu beantworten, was ist denn das Besondere an einem Evangelischen Alten- und Pflegeheim?

Es gibt keine besondere evangelische Pflege, evangelisch kocht man nicht anders als katholisch und auch bei der Reinigung der Zimmer liegen andere Kriterien als die der Kirchenzugehörigkeit zugrunde.
Was also ist ein Evangelisches Altenheim?

Zunächst kann man es sich ganz einfach machen:
Evangelische Christen waren es, die zum Teil schon am Ende des 19. Jahrhunderts Pflegeheime gegründet haben, weil sie es nicht hinnehmen wollten, dass es in ihrer Nähe pflegebedürftige und hilfsbedürftige Menschen gab, für die niemand sorgte. Und so wurden Einrichtungen geschaffen, wo Menschen, die nicht mehr allein für sich sorgen konnten, ein Zuhause fanden und in ihrer Lebensführung unterstützt und bei Krankheit gepflegt wurden.

Warum nun fühlten evangelische Christen sich hier verantwortlich?
Hier kommen wir zurück, hier stoßen wir auf den Kern der Diakonie.

Diakonie heißt: Dienst am Menschen. Und dieser Dienst geschieht auf dem Hintergrund des christlichen Glaubens. Dieser Dienst soll allen gelten, die hilfsbedürftig und pflegebedürftig sind, und er wird geleistet von Menschen, die dazu bereit sind.

So lassen sich die Charaktereigenschaften der Diakonie beschreiben. Diakonie ist christlich, Diakonie ist offen für jeden, Diakonie ist menschlich.

Eine Geschichte aus dem Neuen Testament bringt das sehr schön zum Ausdruck. *»Was willst du, dass ich dir tun soll« (Lk 18,41),* fragt Jesus einen blinden Menschen, der ihn um Hilfe bittet.

Die Frage wird manchen vielleicht sonderbar vorkommen – was soll ein blinder Mensch schon wollen? Er möchte sehen. Wusste Jesus das nicht? Seine Frage macht deutlich, wie aufmerksam und respektvoll er mit hilfsbedürftigen Menschen umgegangen ist. Er hat durch die Frage klargemacht, dass er sich nicht einbildet, von ganz allein zu wissen, wer der andere ist und was der andere braucht.

Mit seiner Frage stellt er sich ganz in den Dienst dieses Menschen und macht ihm deutlich:»Du bist es, der sagen darf und sagen muss, was er will. Und dann will ich dir helfen.«

Diese Haltung Jesu ist vorbildhaft für das, was in einem Altenpflegeheim getan wird. Mit dem gleichen Respekt soll Menschen begegnet werden, auch wenn man sie in Zeiten ihrer Schwäche und großer Hilfsbedürftigkeit antrifft. Es soll gerade nicht über sie bestimmt werden, sondern es soll ihnen in der Weise geholfen werden, wie sie selbst es möchten.

Diese Haltung Jesu ist auch besonders passend für die Pflege. Denn so viel die Pflegekräfte leisten und leisten können, ganz allein können sie kein Pflegeziel erreichen. Die Bewohnerinnen und Bewohner müssen wollen und müssen mittun. Aktivierende Pflege gelingt nur, wenn jemand sich auch aktivieren lässt. Und sie muss sich an den Fähigkeiten und den Bedürfnissen der Bewohnerinnen orientieren. So ist Jesu Frage sozusagen auch aus pflegerischer Sicht vorbildhaft.

Mit seiner Frage »Was willst du, dass ich dir tun soll?« wird er zum Interessenvertreter der Bewohner, sozusagen zum »Heimbeirat«.

Die Mitarbeiterinnen in einem Evangelischen Altenpflegeheim haben Christus zum Vorbild. Und sie können darauf vertrauen, dass er auch ihr Fürsprecher ist, wenn es um ihre Sorgen und Bedürfnisse geht.

Anita Pfannkuche

Pflegerische Hilfskraft, seit 2006 bei der
Evangelischen Altenhilfe Gesundbrunnen

»Das ist die erste
        Arbeitsstelle, wo ich
das Gefühl habe, das is' es.«

Ich finde »menschliches Arbeiten« ist, wenn die Wünsche
der Bewohner und Bewohnerinnen im Vordergrund stehen.

Nachtwache

»Meine Seele wartet auf den Herrn mehr als die Wächter auf den Morgen.«
(Ps 130,6)

Die Wächter, das sind die Nachtwachen. Und während in unseren Städten und Dörfern keine Nachtwächter mehr durch die Straßen gehen und die Stunden ausrufen und für Sicherheit sorgen, gibt es die Nachtwachen in der Pflege nach wie vor. Manchmal sind sie nötiger als je zuvor, je nachdem, wie viele Menschen in einem Pflegeheim auch nachts Hilfe brauchen oder sogar ganz den Rhythmus von Tag und Nacht verloren haben.

Deshalb ist die Nachtwache ein Nachtdienst und umfasst viel mehr als das Wachen. Und es ist ein besonderer Dienst. Die Nachtwachen arbeiten meist allein, und nicht im Team. Sie wachen über den Schlaf der anderen und sie teilen die Schlaflosigkeit derer, die nicht schlafen können, weil sie unruhig sind oder Angst haben oder von Schmerzen geplagt werden.

Nachts sehen manche Sorgen und Angst größer aus als im Tageslicht. Und deshalb ist es in der Nacht wichtig, dass jemand da ist, der helfen und einem beistehen kann. Und vielleicht ist es dann auch heute so, dass man gemeinsam den Morgen herbeisehnt, wie im Psalm.

Die Nachtwachen, die damals über eine ganze Stadt wachten, hatten Angst vor nächtlichen Gefahren und Angriffen aus der Dunkelheit. Sie mussten wachen, um die anderen zu schützen und zu warnen, wenn es nötig war. Und das Morgenlicht zeigte an, dass die Gefahr erst einmal gebannt war. Die Nachtwachen, die auf den Morgen warten, sind in der Bibel das Bild für den Menschen, der auf die Hilfe Gottes hofft und sehnsüchtig wartet.

Das ist schön, dass hier einmal die Nachtwachen zum Beispiel und Vorbild für uns alle werden. Mit ihrem Wachen, ihrer Verantwortung, auch mit ihren Ängsten und ihrem sehnsüchtigen Warten auf das Licht. Der Psalm endet sehr zuversichtlich: Wie der Morgen auf jede Nacht folgt, so wird Gott sein Volk erlösen.

Dafür sind die Nachtwachen die besten Zeugen. Auf jede Nacht folgt der neue Morgen, auf Dunkel das Licht. Darauf können wir hoffen.

Biblisch-Ethische Reflexionen
zu den nationalen Expertenstandards Pflege

Nationale Expertenstandards für die Pflege

Schon 1999 regte die Gesundheitsministerkonferenz an, nationale Expertenstandards für die Pflege zu entwickeln. Sie sollten den allgemein anerkannten Stand medizinisch-pflegerischer Erkenntnisse abbilden, den sowohl das Heimgesetz als auch das Sozialgesetzbuch XI für die aktuelle Pflege fordern.

Entwickelt werden die Standards durch das Deutsche Netzwerk zur Qualitätsentwicklung in der Pflege (DNQP, Fachhochschule Osnabrück) nach einem festgelegten Verfahren. Ein wissenschaftliches Team erhebt die methodischen Fragen, eine Expertenarbeitsgruppe formuliert dazu inhaltliche Aussagen und in einer Testphase werden die Standards modellhaft in Pflegeeinrichtungen implementiert.

Der Lenkungsausschuss des DNQP geht davon aus, dass mit 10 bis 15 Expertenstandards die großen Qualitätsrisiken in der Pflege erfasst und bearbeitet sein werden. Bislang sind fünf Expertenstandards erschienen. Vier von ihnen werden in diesem Kapitel vorgestellt und reflektiert. Der Expertenstandard »Entlassungsmanagement« bleibt an dieser Stelle unberücksichtigt, da er eher für den Krankenhausbereich relevant ist.

Die Standards sind nach einem gleich bleibenden Schema aufgebaut: Auf die eigentliche Standardaussage folgt die Begründung, dann wird auf mehreren Ebenen beschrieben, was sowohl Pflegeeinrichtungen wie auch Pflegefachkräfte im Blick auf das angestrebte Ziel (Ergebnisqualität) vorhalten (Strukturqualität) und tun (Prozessqualität) müssen.

Zurzeit erscheint jährlich ein weiterer Expertenstandard. Der Gesetzentwurf zum Pflegeweiterentwicklungsgesetz (PfWG) nimmt Expertenstandards zur Sicherung der Qualität in der Pflege in das SGB XI auf. Damit werden sie für die Zukunft in den Rang von gesetzlichen Bestimmungen erhoben.

Expertenstandard Dekubitusprophylaxe in der Pflege (2000)

Standardaussage: Jeder dekubitusgefährdete Patient/Betroffene erhält eine Prophylaxe, die die Entstehung eines Dekubitus verhindert.

Begründung: Ein Dekubitus gehört zu den gravierenden Gesundheitsrisiken hilfe- und pflegebedürftiger Patienten/Betroffener. Angesichts des vorhandenen Wissens über die weitgehenden Möglichkeiten der Verhinderung eines Dekubitus ist die Reduzierung auf ein Minimum anzustreben. Von herausragender Bedeutung ist, dass das Pflegefachpersonal systematische Risikoeinschätzung, Schulung von Patienten/Betroffenen, Bewegungsförderung, Druckreduzierung und die Kontinuität prophylaktischer Maßnahmen gewährleistet.

»Denn er hat seinen Engeln befohlen, dass sie dich behüten auf allen deinen Wegen, dass sie dich auf den Händen tragen und du deinen Fuß nicht an einen Stein stoßest.« (Ps 91,11f.)

Die Haut ist nicht nur unser größtes Sinnes-Organ, sie spiegelt unseren Gemützzustand wieder, trägt die Spuren unseres Alters und sie ist verletzlich. Die Haut eines anderen Menschen zu schützen ist viel verlangt.

Diese Aufgabe stellt sich eigentlich nur bei sehr kleinen Kindern. Ihre zarte Haut muss zum Beispiel vor zu viel Sonneneinstrahlung geschützt werden. Also sorgen die Mütter für schützende Kleidung und Sonnenhüte oder cremen die Haut sorgfältig ein.

Und dann stellt sich nach einem Leben der Selbstständigkeit und der Selbstfürsorge die Aufgabe noch einmal, nämlich am Ende des Lebens, wenn ein Mensch sich nicht mehr ganz selbstverständlich und unbewusst bewegt, sogar beim Schlafen oder beim Sitzen, wie gesunde und bewegliche Menschen das tun. Wenn auf diese Weise der Druck des eigenen Gewichts auf eine Stelle des Körpers, und dort auf die empfindliche Haut, zu lange anhält. Dann droht Gefahr. Dann kommt zur Last der Unbeweglichkeit die Gefahr des Wundwerdens und der tatsächlichen Verwundung. Und dieser Gefahr kann der Pflegebedürftige nicht selbst begegnen.

Hier ist das Ende von Anleitung und Unterstützung, ja selbst von teilweiser Übernahme von Tätigkeiten erreicht. Denn, wenn einer sich nicht mehr selbst bewegen und drehen kann, im Bett oder im Rollstuhl, dann müssen andere einspringen und das übernehmen. Das Ziel ist, die Entstehung eines Dekubitus zu verhindern und damit auch Verletzung und Schmerzen. Das Ziel ist, die Haut des Pflegebedürftigen zu schützen.

In dieser Situation wird die völlige Abhängigkeit und Hilflosigkeit des Pflegebedürftigen besonders deutlich. Es geht um die körperliche Unversehrtheit, um die Abwendung einer Gefahr für den Leib.

Deshalb ist das, was von den Pflegenden erwartet wird, etwas anderes als reine Unterstützung und Hilfeleistung. Die orientieren sich am erklärten Willen und an der Selbstbestimmung des Pflegebedürftigen. Bei der Dekubitusprophylaxe müssen sich die Pflegekräfte verhalten, als »steckten sie in der Haut« des anderen.

Ihre genaue Beobachtung muss das eigene Gefühl des Drucks ersetzen. Die Gefährdung muss fortwährend eingeschätzt werden. Zum eigenen Körperbewusstsein muss ein Wissen über den fremden Körper und über Bewegungstechniken kommen, die die Lagerung des gefährdeten Menschen ermöglicht. Dazu kommt der Überblick über Hilfsmittel und Möglichkeiten, die Lagerung so angenehm und wenig störend wie möglich zu gestalten.

Dann bleibt nur noch ein Wunsch offen: Aufmerksamkeit und Achtsamkeit dafür, in welche Lage der Pflegebedürftige beim Lagern nun für vielleicht zwei Stunden gebracht wird. Was kann er sehen in seinem Zimmer? Was ist in seiner Reichweite?

Das ist ein hoher Anspruch. Und so ist es auch ein Ausweis wirklich guter Pflege, wenn es gelingt, einen Dekubitus bei einem gefährdeten Menschen zu vermeiden oder einen vorhandenen Dekubitus zum Verheilen zu bringen.

Es ist eine große Verantwortung und eine große Gabe, dass Pflegekräfte es lernen können, tatsächlich in so umfassender Weise über die Haut eines Anderen zu wachen und sie zu schützen.

In der Bibel wird das nur den Engeln zugetraut. Dort heißt es in Psalm 91, dass Gott selbst solchen Schutz verspricht: »Er hat seinen Engeln befohlen, dass sie dich behüten auf allen deinen Wegen, dass sie dich auf den Händen tragen und du deinen Fuß nicht an einen Stein stoßest.«

Genau die beiden Tätigkeiten, die bei der Dekubitusprophylaxe eine Rolle spielen, werden hier genannt:
Das Tragen, das sozusagen die Eigenbewegung ersetzt. Und das Achten darauf, dass es nicht zu dem Stoß oder zu dem Druck kommt, der zu einer Verletzung führen würde.

Pflegekräfte müssen keine Engel sein. Und doch ist es ein schönes Bild, ein schöner Vergleich, dass den Pflegenden etwas zugetraut wird, was sonst von Engeln erwartet wird: Die Fürsorge und der Schutz, den Gott gefährdeten Menschen zukommen lassen will.

Expertenstandard Schmerzmanagement in der Pflege (2004)

Standardaussage: Jeder Patient/Betroffene mit akuten oder tumorbedingten chronischen Schmerzen sowie zu erwartenden Schmerzen erhält ein angemessenes Schmerzmanagement, das dem Entstehen von Schmerzen vorbeugt, sie auf ein erträgliches Maß reduziert oder beseitigt.

Begründung: Eine unzureichende Schmerzbehandlung kann für Patienten/ Betroffene gravierende Folgen haben, z. B. physische und psychische Beeinträchtigungen, Verzögerungen des Genesungsverlaufs oder Chronifizierung der Schmerzen.

Durch eine rechtzeitig eingeleitete, systematische Schmerzeinschätzung, Schmerzbehandlung sowie Schulung und Beratung von Patienten/Betroffenen und ihren Angehörigen tragen Pflegefachkräfte maßgeblich dazu bei, Schmerzen und deren Auswirkungen zu kontrollieren bzw. zu verhindern.

»Errette mich, dass ich nicht versinke.« (Ps 69,15)

Schmerzen gehören zum Leben, sie sind sogar lebensnotwendig. Denn sie sind wichtige Signale dafür, dass etwas nicht in Ordnung ist, dass möglicherweise Gefahr droht durch eine Verletzung.

Der Schmerz kann eine überwältigende Erfahrung sein. Dann rast er durch das Nervensystem wie ein Orkan, unterbricht dabei alles, was vorher war, und setzt vorübergehend jedes geordnete Verhalten und Erleben außer Kraft. Der Sturm erzwingt sich eigene Handlungs- und Gefühlsmuster, eigene Rhythmen. Der Schmerz kann zunächst schwach sein, dann aber stärker werden. Solange er noch vage ist, wird er als allgemeine Gereiztheit empfunden, die die Ausgeglichenheit stört. Davon ist alles betroffen: Bewegungen, Atem, Aufmerksamkeit, Gefühle, Erregung, Wahrnehmungen und anderes mehr. Der Schmerz wird zur »globalen« Störung. Die Aufmerksamkeit wird nach innen gezogen, die Außenwelt nur noch fragmentarisch wahrgenommen.

Diese Beschreibung ist sicher nur sehr subjektiv und im Einzelfall auf das Thema Schmerz zu übertragen. Sie lehnt sich an Daniel Sterns Beschreibung des Hungergefühls bei einem Säugling an. Der Entwicklungspsychologe macht eindrucksvoll deutlich, wie ein körperliches Missbehagen – bis zum Schmerz – von dem kleinen Menschen Besitz ergreift und ihn bedroht. Dabei kann er nicht mehr trennen zwischen Bedrohung von außen und innen, die Welt »zerfällt«.

Das Erleben mündet in lautes Schreien. Und dieses Schreien, das Atem und Stimme verbindet, hilft dem Säugling, mit seinem Missbehagen umzugehen. Der Schrei ist ein zielgerichtetes Signal, um die Eltern aufmerksam zu machen und zu einer Reaktion aufzufordern und es schwächt die Intensität des bedrohlichen Gefühls ab.

Im Zusammenhang des Schmerzmanagements mag diese Beschreibung helfen, sich dem inneren Erleben eines Schmerzpatienten anzunähern, das dieser möglicherweise so wenig mit Worten auszudrücken vermag wie ein Säugling.

Gleichzeitig verweist das beschriebene Schreien auf einen möglichen Indikator für eine noch nicht erkannte Schmerzsymptomatik bei Pflegebedürftigen, die sich nicht verbal äußern können. Ebenso wichtig wie dieses Ernstnehmen eines zunächst nicht erklärbaren Schreiens ist jedoch die Beobachtung der Mimik, Gestik und der Körperspannung pflegebedürftiger Menschen, die sich nicht verbal äußern.

Am Anfang steht die grundsätzliche Einschätzung, ob ein Bewohner oder eine Bewohnerin Schmerzen haben könnte. Und genau dafür ist es notwendig, sich dem möglichen Empfinden anzunähern und zu lernen, welche Gesichter der Schmerz bei ganz verschiedenen Menschen haben kann. Sie werden so unterschiedlich sein wie die Gesichter der Menschen selbst.

Wie reagiert wer auf diffuses Unwohlsein?

Was ruft bohrender oder stechender Schmerz akut oder auf Dauer hervor?

Da gibt es die, die sich zusammenreißen und vielleicht besonders still werden und sich zurückziehen. Andere neigen zu Niedergeschlagenheit, wirken traurig und weinen. Und wieder andere werden ärgerlich und zornig, schimpfen und schreien und gehen sozusagen zum »Gegenangriff« über.

Bei allen kann Schmerz im Spiel sein, bei »den ganz Stillen«, »den Depressiven« und »den Aggressiven«. Und das, was bei Menschen mit Demenz als »herausforderndes Verhalten« diagnostiziert wird, andauerndes, scheinbar unkontrolliertes Schreien, kann Ausdruck von Schmerz sein und dem Schreienden – wie oben beschrieben – wenigstens vorübergehende Entlastung bringen.

Das Schmerzmanagement beginnt mit einer aufmerksamen und zugewandten Haltung und dem Wissen, dass gerade »störendes« oder verstörendes Verhalten gute Gründe haben kann und zu der Frage einlädt: »Was hat diesen Menschen gestört oder verstört, dass er sich so verhält?« – Es kann Schmerz sein, wenn für ein bestimmtes Verhalten für einen Außenstehenden keine plausible Ursache erkennbar ist.

Das Schmerzempfinden ist immer subjektiv. Jeder Mensch nimmt Schmerzen anders wahr. Sie können körperliche wie seelische Ursachen haben, dabei sind von Mensch zu Mensch die »Anteile« unterschiedlich. Es besteht die Gefahr, von anderen nicht ernst genommen zu werden, gerade wegen des sehr individuellen Schmerzerlebens.

Die Schmerzeinschätzung stellt die Pflegenden vor eine schwierige Aufgabe.

Der Standard empfiehlt die Anwendung der *Numerischen Rangskala,* die dann auch den Maßstab für das Pflegeziel liefert, welche Schmerzintensität nicht überschritten werden soll (»nicht mehr als 3/10«).

Wie bei offenen und offensichtlichen Wunden geht es auch bei verborgenen und nur schwer einzuschätzenden Schmerzen um die körperliche Unversehrtheit.

Die Aufgabe des Schmerzmanagements lässt sich also als Verteidigung des Rechts auf körperliche Unversehrtheit verstehen. Die Pflegekräfte werden in diesem Zusammenhang zum (Rechts-)Beistand des Pflegebedürftigen.

Dass es darum geht, um Beistand für die von Schmerzen Geplagten, macht auch ein Blick in die Psalmen der Bibel deutlich:

»Gott, hilf mir!
Denn das Wasser geht mir bis an die Kehle.
Ich versinke in tiefem Schlamm, wo kein Grund ist;
Ich bin in tiefe Wasser geraten und die Flut will mich ersäufen.
Ich habe mich müde geschrien, mein Hals ist heiser.
Meine Augen sind trübe geworden, weil ich so lange harren muss auf meinen Gott.
…
Errette mich aus dem Schlamm, dass ich nicht versinke,
dass ich errettet werde vor denen, die mich hassen,
und aus tiefen Wassern;
dass mich die Flut nicht ersäufe und die Tiefe nicht verschlinge
und das Loch des Brunnens sich nicht über mir schließe.
…
Ich aber bin elend und voller Schmerzen.
Gott, deine Hilfe schütze mich.« (Ps 69,2–4.15.16.30)

Dies sind eindrückliche Bilder für bedrohlich empfundene Schmerzen: Angst, in Schlamm oder Wassermassen zu versinken und von der Tiefe verschlungen zu werden. Diese Bedrohung verbindet sich mit der Angst vor äußeren Feinden und dem Gefühl, verfolgt und gepeinigt zu werden.

Auch hierin lassen sich Parallelen finden zu den Gefühlen heutiger Schmerzpatienten, die sich in ihrer Not möglicherweise auch »von Feinden umzingelt« sehen und entsprechend aggressiv reagieren.

Die Verzweiflung mündet in Hilferufe:

»Gott, hilf mir!
Gott, nach deiner großen Güte erhöre mich mit deiner treuen Hilfe.
Erhöre mich, Herr, denn deine Güte ist tröstlich; wende dich zu mir nach deiner großen Barmherzigkeit und verbirg dein Angesicht nicht vor deinem Knecht.« (Ps 69,2.14.17)

Hilfe, Trost und barmherzige Zuwendung werden erbeten und machen zweierlei deutlich: Dass der von Schmerzen Geplagte auf sich aufmerksam machen will und dass Trost und Zuwendung bereits erste Hilfen sind.

Am Ende des Psalms tröstet der Beter sich selbst mit der Erinnerung an Gottes frühere Taten und Zusagen:

»Denn der Herr hört die Armen und verachtet seine Gefangenen nicht.
Denn Gott wird Zion helfen und die Städte Judas bauen,
dass man dort wohne und sie besitze.« (Ps 69, 34.36)

Der von Schmerzen Geplagte tröstet sich selbst und findet Linderung dadurch, dass er sich erinnert an frühere Hilfe und sich auf diese Weise selbst Mut macht, auf kommende Hilfe zu vertrauen.

Wer sich in guten Händen weiß, kann die beginnenden Schmerzen aushalten, weil er auf Hilfe vertraut und sich nicht davor fürchten muss, dass die Schmerzen unerträglich werden.

Palliativmedizin und Palliativpflege, die sich zuerst im Zusammenhang der Sterbebegleitung in Hospizen bewährt haben, zielen darauf ab, Beschwerden in ihrer körperlichen, seelischen und sozialen Bedeutung zu erfassen und zu lindern.

Insofern wird ein funktionierendes Schmerzmanagement von Ärzten und Pflegekräften und die einfühlsame Begleitung durch Haupt- und Ehrenamtliche den Betroffenen die Erfahrung ermöglichen, dass ihnen so zuverlässig wie möglich geholfen wird und sie auf diese Weise darin unterstützt werden, mit ihren Schmerzen zu leben.

Expertenstandard Sturzprophylaxe in der Pflege (2005)

Standardaussage: Jeder Patient/Bewohner mit einem erhöhten Sturzrisiko erhält eine Sturzprophylaxe, die Stürze verhindert oder Sturzfolgen minimiert.

Begründung: Stürze stellen insbesondere für ältere und kranke Menschen ein hohes Risiko dar. Sie gehen häufig mit schwerwiegenden Einschnitten in die bisherige Lebensführung einher, die von Wunden und Frakturen über Einschränkung des Bewegungsradius infolge verlorenen Vertrauens in die eigene Mobilität bis hin zum Verlust einer selbstständigen Lebensführung reichen, Durch rechtzeitige Einschätzung der individuellen Risikofaktoren, eine systematische Sturzerfassung, Information und Beratung von Patienten/Bewohnern und Angehörigen sowie gemeinsame Maßnahmenplanung und Durchführung kann eine sichere Mobilität gefördert werden.

Freiheitsentziehende Maßnahmen als ultima ratio der Sturzprophylaxe.
»Zur Freiheit hat uns Christus befreit.« (Gal 5,1)

Warum sollen wir uns mit den Freiheitsrechten beschäftigen?

Wir sind schließlich Einrichtungen der Altenpflege und keine Gefängnisse. Die Häuser sind offen und frei zugänglich. Wir betrachten die Bewohnerinnen als Kundinnen und halten uns zugute, zuvorkommende Dienstleister zu sein. Unsere Absichten und Aktivitäten sind auf das Wohl der Bewohnerinnen gerichtet.

Doch gerade, wenn die Absichten gut sind, ist es manchmal wichtig, genau hinzusehen, wie es um die Achtung der Rechte der Pflege- und Hilfsbedürftigen steht. Das kennen wir selbst, dass nicht jeder, der es gut mit uns meint, auch das tut, was unseren Wünschen entspricht und mit unserer Selbstbestimmung zusammenpasst.

Zwei Grundlagen möchte ich benennen, die für uns handlungsleitend sind: Das Grundgesetz unseres Landes und die Heilige Schrift unserer

Kirche. Übrigens gehören beide zusammen: Die Präambel des deutschen Grundgesetzes benennt die Verantwortung des Deutschen Volkes vor Gott und den Menschen.

Unser Grundgesetz beginnt mit den Grundrechten. Die Verwirklichung der Grundrechte ist Aufgabe aller staatlichen Gewalt. Das Festschreiben dieser Rechte geht aus der Erfahrung der Diktatur hervor. Die Menschen, die hier formulieren, haben Erfahrungen mit Unfreiheit und mit Ungleichheit gemacht.

Es gibt Grundrechte, die in erster Linie die Freiheit der Bürger festlegen und solche, die der Gleichheit vor Recht und Gesetz dienen.
Hier die Freiheitsrechte:

Art. 2 Recht auf freie Entfaltung seiner Persönlichkeit
Art. 4 Glaubens- und Gewissensfreiheit
Art. 8 Versammlungsfreiheit
Art. 9 Vereinigungsfreiheit
Art. 10 Briefgeheimnis (Abwehr staatlicher Übergriffe)
Art. 11 Recht auf Freizügigkeit
Art. 12 Freiheit der Berufswahl
Art. 13 Unverletzlichkeit der Wohnung (Abwehr staatlicher Übergriffe)

Für uns besonders relevant ist Art. 2:
(1) Jeder hat das Recht auf die freie Entfaltung seiner Persönlichkeit, soweit er nicht die Rechte anderer verletzt und nicht gegen die verfassungsmäßige Ordnung oder das Sittengesetz verstößt.
(2) Jeder hat das Recht auf Leben und körperliche Unversehrtheit. Die Freiheit der Person ist unverletzlich. In diese Rechte darf nur auf Grund eines Gesetzes eingegriffen werden

Und auch Art.11:
(1) Alle Deutschen genießen Freizügigkeit im ganzen Bundesgebiet.
Der Staat kann das Grundrecht nur unter bestimmten Voraussetzungen, die vom Gesetz festgelegt sein müssen, einschränken. Z. B. für den Fall, dass jemand nicht in der Lage ist, für sich zu sorgen. Aber: Es muss

möglich sein, die Kontrollierenden zu kontrollieren. Jede richterliche Entscheidung kann durch eine andere Gerichtsinstanz überprüft werden.

Diese Freiheitsrechte sind ein ungeheuer großes Gut.

Sie brauchen sich nur vorzustellen, dass jemand Sie hindern wollte, zu wohnen, wo Sie wohnen möchten, Ihnen bestimmte Berufe verbieten wollte, Ihren Glauben und Ihre Meinung vorschreiben wollte, ihre Briefe lesen und kontrollieren oder jederzeit in Ihre Wohnung eindringen wollte. Solche Verhältnisse sind nicht verschwunden vom Angesicht der Erde. Das wegen seiner wirtschaftlichen Entwicklung viel gelobte China ist von der Freizügigkeit seiner Bürger weit entfernt.

Jeder von Ihnen kennt die Trauer und die inneren Kämpfe alter Menschen, manchmal auch die Geschichte äußerer Kämpfe mit verantwortlichen Angehörigen, weil der Einzug in eine stationäre Altenpflegeeinrichtung als Verlust der persönlichen Freizügigkeit empfunden wird. Davor sollten wir großen Respekt haben und deshalb jeden weiteren Schritt bedenken, der zusätzlich als Verlust oder Einschränkung persönlicher Freiheit erlebt werden könnte.

Unfreiheit und Gefangenschaft ist etwas vom Schlimmsten, was Menschen anderen Menschen antun können.

Die Väter und Mütter des Grundgesetzes wussten das aus leidvoller Erfahrung des Dritten Reiches und manche mögen sich auch noch an die Unfreiheiten des Deutschen Kaiserreiches vor 1914 mit seinen Ungleichheiten erinnert haben. Deshalb schreiben sie die Freiheit groß in ihrem Grundgesetz.

Und genau diese Erfahrungen finden wir in den Gründungstexten der Bibel wieder. Im Zentrum des Alten Testaments steht die Befreiungserfahrung des Volkes Israel. In Dürrezeiten war es aus Israel weggegangen ins wasserreiche Ägypten und dort im Laufe der Zeit in die Sklaverei geraten. Diese Erfahrung war so prägend und so nachhaltig bedrohlich, dass – ähnlich wie im Grundgesetz die Freiheitsrechte – in den Geboten der Bibel immer wieder darauf verwiesen wird, andere nicht zu unterdrücken, weil sie arm und scheinbar rechtlos sind. Gott selbst macht sich zu ihrem Fürsprecher. Und die Zehn Gebote beginnen mit der Erinnerung:

»Ich bin der Herr, dein Gott, der ich dich aus Ägyptenland, aus der Knechtschaft geführt habe.« (Ex 20,2)

Dieser Grundgedanke zieht sich durch die ganze Bibel.

Er gipfelt im Neuen Testament im Brief des Paulus an die Galater in dem Satz:

»Zur Freiheit hat uns Christus befreit! So steht nun fest und lasst euch nicht wieder das Joch der Knechtschaft auflegen!« (Gal 5,1)

Paulus meint nun nicht die äußere Sklaverei und Knechtschaft, obwohl der auch darüber einiges hätte berichten können. Der ganze Mittelmeerraum wurde vom römischen Reich beherrscht. Alle Länder waren in Kriegen unterworfen worden und wurden dauerhaft besetzt und zu Steuerzahlungen und zur Verehrung des römischen Kaisers gezwungen. Ein Zustand dauerhafter Unfreiheit.

Doch Paulus ist noch stärker bewegt vom Gedanken innerer Unfreiheit. Es geht um das Bekenntnis zu Christus und um Auseinandersetzungen in den Gemeinden, welche religiösen Regeln gelten sollen oder nicht. Auch hier fürchtet Paulus Unfreiheit und Ungleichheit, Über- und Unterordnung. Was wäre dann gewonnen für die Christen? Also hört er nicht auf, zu mahnen: Ihr aber seid zur Freiheit berufen!

Vielleicht ist uns die persönliche Freiheit schon zu selbstverständlich. Doch das hört spätestens dann auf, wenn ein anderer versucht, sie einzuschränken.

Sein, wo man nicht sein möchte. Nicht sein dürfen, wo man gerne wäre, zuhause, – in welchem Zuhause auch immer.

Nicht mehr tun sollen, was einem selbstverständlich ist, nämlich aufzustehen aus dem Stuhl oder dem Bett, wenn man es möchte, – um zur Toilette zu gehen oder nach Hause oder wohin auch sonst: Das ist schrecklich. Das würde jedem von uns, so wie wir heute hier sitzen, vorkommen wie schlimmste Unterdrückung und Gewaltanwendung, Unfreiheit pur. Gerade nach einem Leben in Freiheit.

Lassen Sie uns daran denken. Lassen Sie uns die Trauer und Verzweiflung, auch den Zorn der Menschen achten, die sich in dieser Weise von uns eingeschränkt sehen.

Und lassen Sie uns in jedem einzelnen Fall genau darauf achten, was unbedingt notwendig ist oder wo die Freiheit und die Selbstbestimmung eines Menschen höher einzuschätzen ist als ein von uns befürchtetes Risiko.

Expertenstandard Förderung der Harnkontinenz in der Pflege (2006)

Standardaussage: Bei jedem Patienten und Bewohner wird die Harnkontinenz erhalten oder gefördert. Identifizierte Harninkontinenz wird beseitigt, weitestgehend reduziert bzw. kompensiert.

Begründung: Harninkontinenz ist ein weit verbreitetes pflegerelevantes Problem. Für die betroffenen Menschen ist sie häufig mit sozialem Rückzug, sinkender Lebensqualität und steigendem Pflegebedarf verbunden. Durch frühzeitige Identifikation von gefährdeten und betroffenen Patienten und Bewohnern und der gemeinsamen Vereinbarung von spezifischen Maßnahmen kann dieses Problem erheblich positiv beeinflusst werden. Darüber hinaus können durch Inkontinenz hervorgerufene Beeinträchtigungen reduziert werden.

»Ja, gut, ich habe ein bisschen Angst vor dem Alter. Vor einer bestimmten Sache habe ich besonders viel Angst. Ich möchte nicht gern eine Windel tragen. Obwohl, ich weiß ja gar nicht, wie es ist. An das Windeltragen als Säugling kann man sich in der Regel nicht mehr erinnern. Man würde aber nie auf die Idee kommen, dass für so einen Säugling das Windelwechseln eine demütigende Sache ist, im Gegenteil, man sagt, das ist halt ein Säugling, da gehört die Windel dazu wie das Katzenklo zur Katze. Beide, der Säugling und die Katze, werden trotzdem für süß gehalten. Mich werden sie bestimmt nicht für süß halten. Ich bin als Greis bestimmt sehr unangenehm.«[28]

So malt sich ein Zeitungsjournalist seine Zukunft im Altersheim aus. Und besonders fürchtet er die Inkontinenz. Er fürchtet sich vor dem Windeltragen und stellt sich das Windelwechseln demütigend vor. Und dazu kommt die Angst, andere, z. B. Pflegekräfte würden ihn unangenehm und abstoßend finden wegen seiner Inkontinenz.

---

28 Harald Martenstein, DIE ZEIT Nr. 41, 5.10.06, S. 63.

Diese Angst vor den Altersbeschwerden ist nicht neu. Schon im Buch des Predigers im Alten Testament heißt es über das Alter, es seien die Tage des Übels, die Jahre, von denen man sagt: »Sie gefallen mir nicht.« (Koh 12,1) Zur Begründung werden die Beschwerden aufgezählt, die man für das Alter befürchtet: Zitternde Arme, gekrümmte Beine, ausfallende Zähne, getrübte Augen, taube Ohren, eine schwache Stimme. All das wird in Bildern beschrieben. Und dann kommt eine Stelle, die etwas rätselhaft klingt. Es ist die Rede von einer silbernen Schnur, die zerreißt, und einer goldenen Schale, die zerspringt. Wer will, kann hier durchaus an den Harnstrahl denken, der nicht mehr kräftig fließt, und an die Harnblase, die einfach auszulaufen scheint, als sei sie geplatzt.

Was macht die Inkontinenz zu einem solchen Schrecken?

Das »Sauberwerden« gilt noch immer als ein Meilenstein in der Entwicklung kleiner Kinder, auch wenn die so genannte Sauberkeitserziehung heute vielleicht nicht mehr so streng und unerbittlich ist wie in früheren Jahrzehnten. Die Fähigkeit, seine Ausscheidungen zu kontrollieren, galt bis vor Kurzem als Aufnahmebedingung für den Kindergarten. Zum ersten Mal wird einem Kind gesagt, es sei nun schon groß und müsse keine Windel mehr tragen. Ohne Windel ist der Mensch gesellschaftsfähig. Und wenn dann im Eifer des Spielens doch noch einmal die Hose nass wird, ruft das Ärger und Empörung der Erwachsenen hervor. »So ein großes Mädchen und macht noch in die Hose: Schäm dich!« Das sitzt. Und die Verbindung bleibt zwischen dem »Malheur« und der damit verbundenen Scham. Und die Vorstellung ist schrecklich, durch Inkontinenz in eine Lebensphase zurückzufallen, in der unkontrollierte Ausscheidungen mit großer Abhängigkeit, Hilfsbedürftigkeit und dem Urteil, nicht gesellschaftsfähig zu sein, verbunden waren. Dazu kommen die eigenen Gefühle des Ekels und die Angst vor dem Ekel der anderen.

Der Expertenstandard Kontinenz hat zum Ziel, Menschen in der Erhaltung ihrer Kontinenz zu unterstützen oder ihnen zu helfen, mit Inkontinenz so umzugehen, dass ihre Würde und Selbstständigkeit gewahrt und Beschämung ihnen erspart bleibt.

Die Werbung für Hilfsmittel bei Inkontinenz setzt bei dem Nutzen für die Betroffenen an, auch weiterhin am gesellschaftlichen Leben angstfrei teilnehmen zu können. Auch darum geht es.

Bei der Einführung des Expertenstandards handelt es sich also um ein zentrales Thema der Pflege. Im Sinn einer aktivierenden Pflege sollen Menschen in ihrer Selbstständigkeit unterstützt werden, für die die Kontrolle der Ausscheidungen eine nicht zu unterschätzende Rolle spielt. Dazu gehört dann z. B. die Selbstverpflichtung der Pflegekräfte, der Aufforderung, jemanden zur Toilette zu begleiten, eine sehr hohe Wichtigkeit und Dringlichkeit einzuräumen. Auch, wenn hier keine »Gefahr im Verzug ist«, hat es für Bewohnerinnen und Bewohner eine große Bedeutung, ob sie darin Unterstützung erfahren, zu verhindern, dass sie beschämt werden.

Das ist im Pflegealltag nicht leicht. Dennoch verlangt es die Achtung vor der Würde der Bewohnerinnen und Bewohner.

Auch der Umgang mit den empfohlenen Miktionsprotokollen verlangt eine große Sensibilität. Die Betroffenen müssen dafür gewonnen werden, damit die Frage nach den letzten Toilettengängen oder der Umgang mit benutzten Einlagen eben nicht an die mütterlichen Kontrollen der frühen Kindheit erinnern und demütigend wirken.

Und wenn dann doch das »Malheur« passiert und Kleidung, Bett und Zimmer in Mitleidenschaft gezogen wird? Und wenn ein Mensch mit Demenz die Toilette und den Zweck ihrer Benutzung nicht mehr erkennt? Und darunter dann nicht mehr zu leiden scheint, ganz im Gegensatz zu den Pflegekräften, die die Folgen beseitigen müssen?

Dann ist ihre ganze Professionalität gefordert, um mit den eigenen Gefühlen von Ekel und vielleicht auch Ärger über die Arbeitserschwernis umzugehen. Denn seien Sie sicher: Auch wenn der Mensch mit Demenz keine Bewusstheit mehr für den früheren Umgang mit dem Thema Ausscheidungen hat, hat er dennoch ein sehr feines Gespür für Ärger und Aggression, auch dafür, wenn etwa in der ersten Empörung Zeugen für das als »Schweinerei« gescholtene Verhalten herbeigerufen werden. Auch hier geht es darum, eine Umgangsweise zu pflegen und sich selbst zurückzuhalten, um die Würde der Bewohnerinnen zu wahren und sie nicht zu beschämen.

Gerade der Expertenstandard Kontinenz kann dabei helfen, dass das Leben im Altenheim anders erlebt wird als die »Tage des Übels« und die Jahre, von denen man sagt: »Sie gefallen mir nicht.« Übrigens könnte es eine gute Übung sein, in diesem Zusammenhang auch die eigenen Bedürfnisse zu berücksichtigen. Auch die Würde der Pflegekräfte gilt es zu achten, zuallererst von ihnen selbst. Damit keine mehr sagen muss: »Heute Vormittag bin ich noch nicht einmal dazu gekommen, zur Toilette zu gehen.«

Der Anspruch an die Pflege ist hoch. Lassen Sie uns daran arbeiten, dass wir ihn erfüllen und dafür Instrumente entwickeln, die den Pflegenden ihre Aufgabe so leicht wie möglich machen.

Ausklang: Wie die Abwehr des Alters zur Verfolgung der Altenpflege führt – Von der Notwendigkeit einer neuen Akzeptanz

Vor rund 40 Jahren setzte sich die französische Philosophin Simone de Beauvoir mit dem Alter und der Stellung der Alten in den westlichen Gesellschaften auseinander. Sie kam aufgrund ihrer Recherchen, die die abendländische Kultur- und Geistesgeschichte berücksichtigten, zu einem für sie eindeutigen Urteil: »Die Mythen und Klischees, die das bürgerliche Denken in Umlauf setzt, zielen darauf ab, den Alten als einen *anderen* zu zeigen.«[29] Der *andere* ist der Mensch, der nicht dem normalen entspricht, sondern abweicht. Es gibt also den Menschen und den Alten, den *anderen*.

Damit stehen die Alten sozusagen außerhalb der Menschheit.

Entsprechend düster sind die Schlussfolgerungen, die die Philosophin zieht: »Und tatsächlich muss man das Alter, mehr noch als den Tod, als Gegensatz zum Leben betrachten. Es ist die Parodie des Lebens.«

Daher empfinden die *normalen* Menschen das Altern als negativ: »In der überwiegenden Mehrzahl jedoch erwarten die Menschen das Alter in Traurigkeit oder voller Auflehnung. Es flößt ihnen noch mehr Widerwillen ein als der Tod.«

Wie reagieren Menschen gemeinhin auf Traurigkeit, Auflehnung und Widerwillen? Sie versuchen, diese unangenehmen Empfindungen zu vermeiden oder abzuwehren.

Genau diese beiden Reaktionen lassen sich heute beobachten und im Blick auf die Beschwerden des hohen Alters beschreiben. Und sie haben fatale Folgen für die Altenpflege, die hier ihren Ort und ihre Aufgabe hat, in der Zuwendung zu alten und hilfsbedürftigen Menschen.

---

29 Simone de Beauvoir, Das Alter. Reinbek 1972.

These: Das gegenwärtige Image der Altenpflege ist Abbild und Auswirkung der gesellschaftlichen Abwehr des Alters.

Die Altenpflege kann daher nur begrenzt darauf hoffen, ihr Image verbessern zu können, solange die Bilder des hohen Alters und seiner Begleiterscheinungen abgewehrt und verdrängt werden.

Die Wege der Verdrängung und Vermeidung.

Um sich die Mechanismen der Verdrängung und Vermeidung bewusst zu machen, ist zunächst eine ehrliche Auseinandersetzung mit den eigenen Gefühlen und Gedanken über alte Menschen und das Alter unerlässlich.

Eine ehrliche Auseinandersetzung, noch vor der Zensur der political correctness, ist notwendig und fällt doch schwer. Vielleicht hilft ein Blick in die Geschichte, als Dichter wie der Römer Juvenal davon nichts wussten und sich keinerlei Hemmung auferlegten und das Alter drastisch beschrieben (vgl. Andacht »Altersbilder«). Gehen wir nun einmal davon aus, dass das *Empfinden* sich im Vergleich zu Juvenal nicht sehr geändert hat im Laufe der Jahrhunderte.

Dann ist damit zu rechnen, dass alte und hilfsbedürftige Menschen abschreckend wirken, weil sie nach gängigen Idealen nicht schön aussehen, möglicherweise schlecht riechen, sich nicht angenehm anfühlen, ihre Stimme unangenehm klingt und widerwillig gehört wird. Mit einem Wort: Weil sie als unangenehm für die Sinne empfunden werden.

Neben der sinnlichen Wahrnehmung und einem daraus resultierenden Widerwillen ist mit Reaktionen aus dem Bereich der Erziehung oder geltenden Normen zu rechnen. Eigentlich fühlt man sich moralisch verpflichtet, sich hilfsbedürftigen alten Menschen freundlich zuzuwenden, Mitleid und Zuneigung zu empfinden, sie zu trösten und ihnen zu helfen. Möglicherweise schämt man sich des empfundenen Widerwillens und des spontanen Impulses, sich abzuwenden und auf Abstand zu gehen.

Die Inkongruenz zwischen dem spontanen Gefühl und der moralischen Überzeugung wird als innerer Konflikt empfunden, was unangenehm ist oder verdrängt wird. Die empfundene Abwehr wird bei sich selbst nicht zugelassen und stattdessen auf die Altenpflege projiziert. Den Pflegekräften wird dann vorgeworfen, *sie* gingen abwertend und lieblos mit den Alten um und vernachlässigten sie.

Der Gedanke an die eigenen Eltern liegt nahe, die in diese Situation kommen könnten. Sie werden Hilfe brauchen und dann doch sterben. Die, die für einen da waren, müssen erst versorgt werden und lassen einen schließlich allein. Auch dieser innere Prozess, vom nicht selbst gewählten *Rollentausch* bis zum endgültigen Abschied, ist von widerstreitenden Gefühlen begleitet.

Schließlich kommen mit alten und gebrechlichen Menschen auch der mögliche eigene körperliche und geistige Verfall in den Blick und der eigene Tod.

Die Begegnung mit alten Menschen konfrontiert also mit einer Fülle unangenehmer, bedrückender und beängstigender Empfindungen und Gedanken.

Da erscheint es nur natürlich und folgerichtig, diese Begegnung mit dem Alter, real oder auch nur gedanklich, vermeiden zu wollen.
  Lieber nichts sehen und nicht daran denken. Das Alter wird abgewehrt, um den eigenen Widerwillen abzuwehren.

Bei diesem Mechanismus, unangenehme Impulse abzuwehren, handelt es sich zunächst um etwas ganz Natürliches, um eine gesunde Reaktion der Psyche.
  Jeder Mensch kann nur eine bestimmte Menge an äußeren, und vor allem unangenehmen Reizen verkraften.
  Insofern gehören die Abwehrmechanismen zur Grundausstattung einer gesunden Persönlichkeit. Schwierig wird es da, wo eine Person Gefühle und Gedanken abwehrt, die sie eigentlich bewältigen und verarbeiten sollte und könnte. Mögliche und notwendige Entwicklungen werden damit verhindert und es besteht die Gefahr, zu erstarren und krank zu werden.

In gewisser Weise lässt sich dieser psychische Vorgang auch auf gesellschaftliche Entwicklungen übertragen.

These: Die dauerhafte Abwehr des Alters hat sowohl im Blick auf den Einzelnen wie auch im Blick auf die Gesellschaft maligne/krankmachende Folgen.

Wie funktionieren die Abwehrmechanismen im Blick auf das Alter und alte Menschen?

Wer selbst jung und gesund ist und weder in der Familie noch im Bekanntenkreis mit Fragen des Alterns oder der Hinfälligkeit in Berührung kommt, kann diese Themen einfach »vergessen« oder verdrängen. Die Talkrunde zum Pflegenotstand wird ebenso weg-gezappt wie die Hitparade der Volksmusik und es lebt sich unbeschwert.

Auch wer sich im Klaren darüber ist, dass alte Menschen schwach werden und sterben, kann sich lange Zeit mit »wissenschaftlicher« Unterstützung trösten, dass körperliche und geistige Fitness ihren Lohn in entsprechender Beweglichkeit bis ins hohe Alter finden. Das nährt die Hoffnung, eigentlich so bleiben zu können, wie man ist.

Und die, mit denen es gesundheitlich bergab geht? Die haben wahrscheinlich ungesund und unvernünftig gelebt. Diese Form der Rationalisierung erspart die Anerkennung der »biokulturellen Konstruktionsschwäche«, die der Altersforscher Paul Baltes dem hochaltrigen Menschen attestiert.[30]

Schwieriger wird es, wenn das Alter, das eigene oder das der Eltern, näher rückt. Doch auch dann wird so lange wie möglich vermieden, mit dem so lange Gefürchteten und Verdrängten in Berührung zu kommen. Der Kontakt zur alt gewordenen Mutter wird lose gepflegt und es wird so lange wie möglich geleugnet, dass sich alters- und krankheitsbe-

---

30 Paul Baltes, Alter(n) als Balanceakt: Im Schnittpunkt von Fortschritt und Würde, in: P. Gruss (Hg.), Die Zukunft des Alterns. München 2007.

dingte Veränderungen und Beeinträchtigungen eingestellt haben: »Meine Mutter ist nicht dement.« »Meine Mutter leidet nicht an Inkontinenz.«

Für diejenigen, die »näher dran« sind, Nachbarinnen oder auch Pflegekräfte, ist das kaum nachvollziehbar, doch die Verleugnung ermöglicht es dem Sohn oder der Tochter, die Beschwerden und auch die möglichen damit verbundenen Demütigungen nicht wahrnehmen zu müssen. Diese Art der Verleugnung ermöglicht es auch, die Auseinandersetzung mit dem Abschied von den Eltern – wie auch vom eigenen *Kindsein* – zu vermeiden.

Wer selbst die Konfrontation mit dem Alter und den Alten nicht aushält und gleichzeitig den Vorwurf fürchtet, die Angehörigen im Stich zu lassen, überträgt diesen Vorwurf zuweilen auf die Pflegekräfte. Auf sie wird projiziert, sie seien lieblos und gleichgültig und vernachlässigten die Pflegebedürftigen.

Angesichts der in den Medien geführten Debatte über Pflegenotstand und »Pflegeschande« drängt sich der Gedanke auf, dass es der Öffentlichkeit mithilfe verschiedener Abwehrmechanismen gelingt, das Elend der Hochaltrigkeit denen anzulasten, die die pflegebedürftigen Hochaltrigen versorgen. Als gäbe es das Elend nicht, wenn nur die Alten- und Pflegeheime besser wären.

Zwei Beobachtungen mögen dies belegen:

In einer Talkrunde zum »Pflegenotstand« fragt eine Journalistin, ob es denn überhaupt im Interesse einer Pflegeeinrichtung liege, Pflegebedürftige so gut zu pflegen, dass ihr Zustand eine niedrigere Pflegestufe rechtfertige als beim Einzug. Schließlich stünden dem die wirtschaftlichen Interessen der Einrichtung entgegen. Eine Politikerin legt nach: »Das jetzige System der Pflegestufen belohnt schlechte Pflege.« – Geleugnet wird hier die Tatsache, dass bestimmte Krankheitsverläufe im Alter unumkehrbar sind, sich der Zustand der Pflegebedürftigen entsprechend verschlechtert, der Pflegebedarf und damit auch die Pflegestufe steigt und der Aufenthalt in einer stationären Einrichtung aus diesem Grund – und nicht etwa aufgrund defizitärer Pflege – letztlich mit dem Tod endet. Auch eine gute Pflege wird nicht dazu führen, dass die hochaltrigen Patienten wundersam verjüngt und genesen das Pflegeheim verlassen.

Dieser trügerischen Hoffnung scheinen sich jedoch die hinzugeben, die empört den Bericht des MDS[31] zitieren, alte Menschen in Pflegeheimen befänden sich in einem schlechteren gesundheitlichen Zustand als diejenigen, die zuhause gepflegt werden.

Gerade weil ihr Gesundheitszustand desolat ist, nehmen alte Menschen das Angebot einer stationären Einrichtung in Anspruch. Wenn nämlich der Grad ihrer Pflege- und Hilfsbedürftigkeit eine 24-stündige Pflege und Betreuung erfordert, weil er in den meisten Fällen zuhause so nicht bewältigt werden kann.

Der schlechte Gesundheitszustand ist also mit großer Wahrscheinlichkeit der Grund für den Aufenthalt im Pflegeheim und nicht etwa dessen Folge.

Die genannten Reaktionen zeigen, wie das Elend sehr alter Menschen auf das Versagen der Pflege zurückgeführt wird und nicht auf die mögliche Multimorbidität der letzten Lebensphase.

Statt sich dieser Tatsache als einer Bedingtheit des menschlichen Lebens zu stellen und sie auszuhalten, werden Schuldige gesucht und in der Pflege auch gefunden.

Viel sinnvoller wäre es, die gleiche Energie darauf zu verwenden, sich mit dem natürlichen Alterungsprozess auseinanderzusetzen und nach Möglichkeiten zu suchen, Menschen in diesem Prozess beizustehen und seine Begleiterscheinungen zu lindern.

Am Beispiel des Umgangs mit dem Thema Inkontinenz lässt sich beides zeigen: Die verzweifelte und letztlich fruchtlose Suche nach Schuldigen wie auch der Versuch, das mit der Krankheit verbundene Leiden auszuhalten und zu lindern.

Die Krankheitsbilder der Inkontinenz sind mit dem Alter eng verbunden. Sie sind ebenso weit verbreitet wie gefürchtet, weil in besonderer Weise Intimität und Schamgefühle berührt werden.

---

31 Medizinischer Dienst der Spitzenverbände der Krankenkassen

Entsprechend schockiert und empört werden Berichte über Pflege-kräfte aufgenommen, die aus Zeitmangel oder Bequemlichkeit die Hil-festellung beim Gang zur Toilette verweigern mit der Aufforderung, »in die Windel zu machen«.

Die Empörung ist berechtigt. Das geschilderte Verhalten widerspricht jedem fachlichen Standard, Kontinenz zu fördern. Pflegebedürftige, die in der Lage sind, ihre Ausscheidungen selbst zu kontrollieren, sollen darin unterstützt werden. Es widerspricht auch jedem ethischen Stan-dard, Hilfe zu gewähren und die Würde des pflegebedürftigen Men-schen zu achten.

Doch die berechtigte Empörung darf nicht über all das hinwegtäu-schen, womit ein Mensch mit Inkontinenz rechnen muss. Dass es näm-lich tatsächlich ein Dilemma ist, wenn die »Meldung«, Urin lassen zu müssen, das Gehirn immer später erreicht, die zunehmende körperliche Unbeweglichkeit aber verhindert, diesem Impuls schnell nachzukom-men.

Wie peinigend dieser zunehmende Zeitdruck werden kann, mag jeder nachvollziehen können.

Diese Erfahrung macht auch der Patient mit Inkontinenz, der selbst-ständig zuhause lebt.

Und ebenso quälend wird dann in einer stationären Einrichtung jede Sekunde erlebt, die auf Hilfe gewartet werden muss.

Sicher ist es wichtig, Wartezeiten so weit wie möglich zu verkürzen. Die eigentliche »Not« lässt sich jedoch nicht wirklich beheben.

Hier muss es vielmehr darum gehen, noch vorhandene Ressourcen zu stärken und krankheitsbedingte Schwächen zu kompensieren, z. B. mit geeigneten Einlagen, eben den »geschmähten« Windeln.

Und vor allem gilt es, Menschen mit Inkontinenz nicht zu stigmatisie-ren und zu demütigen, sondern sie darin zu unterstützen, mit ihrer Krankheit zu leben. Dazu gehört sowohl die Empathie gegenüber den Erkrankten wie auch ein selbstverständlicher und nicht beschämender Umgang: Statt darüber zu lamentieren, dass es nicht in jedem Fall ge-lingt, ein Einnässen zu verhindern, geht es darum, die Betroffenen schnell und freundlich zu versorgen und Verständnis für ihr Missemp-finden zu zeigen.

Dazu würde es gehören, diese altersbedingte Krankheit zu akzeptieren. Denn es handelt sich um eine Krankheit, weder um ein Versagen des Menschen mit Inkontinenz noch um ein Versagen der Pflegenden.

Am Beispiel des Umgangs mit dem Thema Inkontinenz kann deutlich werden, wie bedrückend und beängstigend die bewusste Auseinandersetzung mit Altersleiden ist. Auf diesem Hintergrund sind die Versuche der Verdrängung und der Abwehr durchaus verständlich.

Für diejenigen, die aufgrund ihres Berufes mit den Altersleiden umgehen, führt die gesellschaftliche Abwehr und besonders die beschriebene Verschiebung jedoch zu einer massiven Belastung und dauerhaften Diffamierung.

In Presse- und Medien-Kampagnen werden sie beschuldigt, für die Leiden der Pflegebedürftigen verantwortlich zu sein. Die Öffentlichkeit fordert Überwachung und Bestrafung. Die Politik ergreift Maßnahmen, die zu Überregulierung und immer neuen Kontrollen führen.

Dabei handelt es sich um einen »Ersatzkreuzzug«.

Denn die Verfolgung der vermeintlich Schuldigen in der Altenpflege wird die »Grundübel« Alter, Leiden und Tod nicht beseitigen.

Und auch für die Gesellschaft bleiben Verdrängung und Abwehr des (hohen) Alters nicht ohne bedenkliche Folgen. Sie werden sichtbar im Ringen um angemessene und wirksame Patientenverfügungen und in der immer wieder aufflammenden Debatte um aktive Sterbehilfe.

Die Angst vor dem hohen Alter und seinen möglichen leidvollen Begleiterscheinungen ist so groß, dass der Tod fast als Rettung, wenigstens aber als das kleinere Übel erscheint.

Der moderne Mensch zeigt sich gewillt, einen drohenden Autonomieverlust durch die Ausübung seiner Autonomie in letzter Konsequenz, das frei gewählte und selbst gesetzte Lebensende, zu vermeiden.

Was im Blick auf den Einzelnen, auf die individuelle Lebens- oder Todesentscheidung zu respektieren ist, führt im Blick auf die Gesellschaft zu Unbehagen.

Wer wird letztlich darüber entscheiden, wann der Tod dem Altersleiden vorzuziehen ist? Wer wird definieren, welches Leben noch lebenswert und welcher Zustand nicht mehr zu ertragen ist?

Die körperlichen, psychischen und sozialen Belastungen durch Krankheit und Pflege sind mit erheblichen Kosten verbunden. Würde ein sozusagen vorweggenommener Tod die Gesellschaft wie auch den Einzelnen nicht von all diesen Belastungen befreien?

Wenn Altersleiden als unerträglich und unzumutbar angesehen werden und die »Zunahme der Alten« als gesellschaftliche Belastung, wird der soziale Druck auf einzelne alte Menschen wachsen.

Schon jetzt betonen viele, sie wollten »keinem zur Last fallen«. Dieser Wunsch führt zum Beispiel zur frühzeitigen Entscheidung für eine anonyme Bestattung.

Warum also nicht schon vor der Grabpflege auch die Kosten für die Altenpflege sparen?

Wir treffen hier auf die Schattenseite heutiger Lebensentwürfe. So vieles ist machbar. So vieles kann erreicht und gestaltet werden. Darüber scheint die Bereitschaft verloren gegangen, Unangenehmes hinzunehmen und auszuhalten und die Fähigkeit, Unerwartetes zu bewältigen.

Die Bilder des hohen Alters

Die jungen Alten sind es, die allerorten als neue Leistungs- und Hoffnungsträger, wie auch als wirtschaftlich interessante Zielgruppe entdeckt werden. Plötzlich gibt es ein Bekenntnis zum Alter, eine Lust an reifen Lebensentwürfen, die Einladung, ein langes Leben auch bewusst auszuschöpfen.

Die Erleichterung und Dankbarkeit für das neu gewonnene dritte Lebensalter führt jedoch dazu, dass das vierte Lebensalter noch drohender und letztlich unerträglicher wirkt als ehemals das Alter insgesamt:

»Erst im Vierten (Lebensalter) entsteht das Bild eines mehr und mehr gleichförmigen Verlustgeschehens in praktisch allen Dimensionen des Lebens.«[32]

Obwohl er in einem völlig anderen Kontext arbeitete und forschte, kam Paul Baltes, rund 40 Jahre nach Beauvoir, zu einer ebenfalls pessimistischen Einschätzung: »Das hohe Alter ist also die große Unsicherheitskomponente der Zukunft, denn es leidet an einer tief sitzenden und nur schwer zu korrigierenden biokulturellen Konstruktionsschwäche. Dort finden gesellschaftlicher Fortschritt und Homo faber ihre Grenzen. Im hohen Alter ist die einst so reichlich fließende Quelle des menschlichen Entwicklungspotenzials kaum noch sichtbar, selbst unter idealen Laborbedingungen … In diesem Lebensabschnitt verliert die positive Verbindung zwischen einem langen und einem guten Leben an Gültigkeit …« (S. 30)

Zuvor war er nicht müde geworden, die Chancen, Möglichkeiten und Fähigkeiten der jungen Alten zu rühmen.

Der renommierte Altersforscher scheint seinen Forschungsgegenstand also nur so lange positiv fassen zu können, wie Leiden und Verfall sich bannen und durch medizinischen Fortschritt und vernünftige Lebensführung zurückdrängen lassen. Auch andere Beiträge aus der Veröffentlichung des Max-Planck-Instituts zur »Zukunft des Alterns« fragen vor allem danach, wie es sich verhindern lässt, in dem beschriebenen »negativen« Sinn zu altern. Hier bildet sich auf wissenschaftlicher Ebene die gleiche Abwehr ab, wie zuvor beschrieben.

Was bedeuten diese Zuschreibungen für den Blick auf sehr alte Menschen?

Was bedeuten sie für die eigene Lebenserwartung und zukünftige Identität?

Sie bedeuten eine Stigmatisierung der Betroffenen. Und in einem zweiten Schritt auch die Stigmatisierung derer, die mit ihnen arbeiten, der Pflegenden, wie auch der ganzen Institution der Altenpflege.

---

32 Paul Baltes, Alter(n) als Balanceakt: Im Schnittpunkt von Fortschritt und Würde, in: P. Gruss (Hg.), Die Zukunft des Alterns. München 2007, S. 16.

Die von Generation zu Generation überlieferten negativen Identitätsattributionen formen sowohl die Außenwelt, d. h. die gesellschaftliche Situation alter Menschen, wie auch die »Innenwelt«, die Identität der Altwerdenden.[33]

Die Entwicklung neuer, adäquater Altersbilder, die der Stigmatisierung entgegenstehen, erscheint dringend erforderlich.

Die Auseinandersetzung mit dem Alter muss neu gesucht werden. Sie hat sich nicht erledigt durch den Zugewinn eines nahezu unbeschwerten frühen Alters.

Ein Blick in die Geistesgeschichte kann den Weg ebnen und den Anschluss an Überlegungen möglich machen, von denen man hofft(e), sie haben sich durch die Errungenschaften unserer Zeit erübrigt.

Beispielhaft seien zwei Philosophen genannt und zitiert, die sich mit dem Alter auseinandergesetzt haben: Der römische Staatsmann Cicero, der im ersten Jahrhundert vor Christus seine Schrift »Über das Alter« verfasste, und der französische Philosoph Michel de Montaigne, der im 16. Jahrhundert die »Essais« verfasste.

Cicero greift die negativen Urteile seiner Zeit über das Alter auf:
»So finde ich denn, wenn ich zusammenfasse, vier Gründe, weshalb das Alter beklagenswert erscheint: einmal, weil es uns von der Ausübung einer Tätigkeit abhalte, zum andern, weil es unseren Körper schwäche, drittens, weil es uns fast sämtlicher Genüsse beraube und viertens, weil es dem Tode nahe sei.« Alle vier Gründe werden von ihm untersucht und diskutiert. Und sein persönliches Urteil fällt durchweg positiv aus.

Im Blick auf das Tätigsein und die Kraft lobt er Erfahrung und Geistesgaben: »Große Dinge vollbringt man nicht durch körperliche Kraft, Behändigkeit und Schnelligkeit, sondern durch Planung, Geltung und Entscheidung; daran pflegt man im Alter nicht nur nicht abzunehmen, sondern gar noch zuzunehmen.«[34]

---

33 Hilarion G. Petzold, Mit alten Menschen arbeiten. Stuttgart 2004.
34 Cicero, Über das Alter. Ditzingen 1998.

Wenn er rät, man solle alles entsprechend den eigenen Kräften tun, so erinnert das durchaus an Baltes' Konzept der selektiven Optimierung mit Kompensation.

Anders als Baltes hält er das Verlöschen der Kraft nicht für eine Konstruktionsschwäche, sondern für den natürlichen Lebensverlauf, den er ausdrücklich bejaht. »Einem jeden Abschnitt des Lebens ist seine richtige Zeit gegeben, so dass die Schwäche der Kinder, der Ungestüm der jungen Leute, der Ernst des schon gesetzten Alters und die Reife des Greisenalters etwas ganz Natürliches hat, das man zu seiner Zeit erleben muss.«

Ähnlich gelassen beschreibt er vergangene Genüsse und Lüste seiner Jugendjahre und neu entdeckte oder neu geschätzte Genüsse seines Alters, das Gespräch mit den Freunden, wie die Freuden des Ackerbaus, »an denen ich unglaubliches Vergnügen finde« (Cicero).

Hierin findet er übrigens moderne Nachahmer, wenn Winfried Saup 1992 eine »ökologische Gerontologie« entwickelt.

Im Blick auf die vierte Frage, die Nähe des Alters zum Tod, zeigt sich Cicero wiederum einverstanden mit dem Gesetz der Natur: »Dem Guten aber ist alles zuzurechnen, was der Natur gemäß ist. Was aber ist so naturgemäß wie das Sterben alter Menschen?«

Cicero bekennt sich persönlich zum Glauben an die Unsterblichkeit der Seele.

Er rät aber selbst für den Fall, dass er sich darin irren sollte, zum Gleichmut gegenüber dem Tod, eben wegen seines Vertrauens in die Natur, die auch für das menschliche Leben das rechte Maß kenne.

Am Ende seiner Erörterungen findet er keine der eingangs angeführten Klagen gegen das Alter berechtigt und rät: »Das war es, was ich über das Alter zu sagen hatte; mögt ihr zu ihm gelangen, damit ihr das, was ihr von mir gehört habt, durch die Erfahrung der Wirklichkeit gutheißen könnt.«

Sicher erinnert einiges, was Cicero vor über 2000 Jahren beschreibt, an die Aktivität eines »jungen Alten«.

Dennoch ist es bemerkenswert, wie deutlich er im Einklang mit stoischer Tradition bereit ist, sein »natürliches« Schicksal als gegeben anzunehmen und zu bejahen. Und das endet nicht mit dem frühen, noch aktiven Alter. Dazu zählt er sowohl das Schwinden körperlicher Kraft wie auch das Sterben. Nichts ist von heutiger Verzweiflung gegenüber der Unumkehrbarkeit dieses Prozesses spürbar.

Michel de Montaigne folgt Cicero in der Einschätzung des natürlichen Lebenslaufes: »Es gilt, die Gesetze unseres Menschseins gelassen zu ertragen. Uns ist es bestimmt, alt, schwach und krank zu werden, trotz aller Heilkunst.«[35]

Er geht streng mit den Zeitgenossen ins Gericht, die sich dagegen auflehnen wollen: »Wehzuklagen, weil einem etwas zustieß, das allen zustoßen kann, ist unangebracht. Seht den Greis dort, wie er Gott bittet, ihm seine volle Kraft und Gesundheit zu erhalten, mit andren Worten: ihm die Jugend zurückzugeben!

Was fängst vergeblich du zu flehen an? Wie kindisch doch dein Wunsch ist, tumber Mann! Reine Torheit, in der Tat: Sein Zustand macht den Wunsch unerfüllbar, denn die langen Jahre haben Gicht, Nierensteine und Hartleibigkeit mit sich gebracht, so wie lange Reisen Hitze, Sturm und Regen mit sich bringen. …

Mein guter Alter, es ist aus! Man kann dich nicht wieder auf die Beine bringen; allenfalls wird man dich ein bisschen zusammengipsen, ein bisschen schienen – und so dein Elend um ein paar Stunden verlängern.«

Rigoroser als Cicero beschreibt er die möglichen Leiden und Verluste des Alters. Er ist nicht bereit, wie dieser z. B. dem Schwinden sexueller Lust noch Positives abzugewinnen und die Freuden und Genüsse des Alters höher zu werten und quasi dagegen auszuspielen. Da zeigt er sich als nüchterner Realist und will sich nicht schönreden lassen, was er verliert.

---

35 Michel de Montaigne, Die Essais, Band III. Ditzingen 1986, S. 478.

Als Autor, der sich selbst zum Gegenstand hat, beschreibt er akribisch, wie sein Körper, sein Empfinden und Erleben sich im Verlauf der Jahre verändert haben. Seine Krankheiten haben einen festen Platz in seinem Leben. Er beschreibt Symptome und Verläufe, ärztliche Therapien und seine ganz persönlichen Bewältigungsstrategien. Er nimmt die eigenen Erfahrungen ernst und räumt ihnen hohe Priorität ein, ohne sie jemals für andere absolut zu setzen.

Ebenso subjektiv und deshalb authentisch setzt er sich mit dem Altwerden und dem Sterben auseinander:»Gott zeigt sich denjenigen gnädig, denen er das Leben schrittweise entzieht; dies ist der einzige Segen des Altwerdens. Das letzte Stück Sterben wird dadurch umso weniger umfassend und zerstörerisch sein – es tötet nur noch einen halben, ja Viertelmenschen. Gerade ist mir ein Zahn ausgefallen, ohne Nachhilfe, ohne Schmerz: Das natürliche Ende seiner Zeit war erreicht. Wie dieser Teil von mir sind auch manch andere bereits tot, wieder andere halb tot, die zu meinen lebenskräftigsten zählten und in der Blüte meiner Jahre den ersten Rang einnahmen. So schwinde ich dahin und entgleite mir. Wie töricht wäre mein Verstand, wenn er mir einreden wollte, ich würde diesen Sturz in seiner letzten kleinen Spanne genauso schmerzlich wahrnehmen, als erfolgte er aus voller Höhe. Ich hoffe, er wird verständiger sein.«

Montaigne wehrt das Alter nicht ab. Er verdrängt nicht, was unangenehm und beschwerlich ist. Er beschönigt die erlittenen Verluste nicht, sondern benennt Schwächen, wo sie auftreten.

Und dennoch nimmt er den »natürlichen Verlauf« des Lebens bejahend an. Gerade der letzte Absatz macht deutlich, dass es ihm völlig fern läge, diesem Verlauf vorzugreifen. Er ist bereit, sein Leben zu Ende zu leben und alles, was ihm dabei begegnet und widerfährt, mit der gleichen Aufmerksamkeit und Neugier zu betrachten wie ein fremdes Land bei vergangenen Reisen.

Sicher spielt dabei eine wesentliche Rolle, dass er körperliche Vorgänge ebenso ernst nimmt als Gegenstand seines Philosophierens wie geistige. Er zeigt sich dabei interessiert, offen und unvoreingenommen. Er schreibt über Essen, Trinken, Schlafen, Ausscheiden, über die Vorteile eines geregelten Tageslaufes im Alter und die Notwendigkeit, an bewährten Gewohnheiten festzuhalten. Seine Philosophie muss sich daran bewähren, ob sie dem praktischen Lebensalltag standhält, nicht etwa umgekehrt. Dazu gehört auch das Alter.

Auf der Suche nach positiven Altersbildern

Um das Altern auch in seiner letzten Phase nicht verdrängen zu müssen, braucht es Bilder und Geschichten, die der Einzelne bejahen kann. Das dürfen nicht die Bilder der »Ausnahme-Alten« sein wie Konrad Adenauer, der noch mit über 90 regierte, oder Johannes Heesters, der noch mit über 100 auf der Bühne steht.

Es müssen Bilder und Geschichten von alten Menschen sein, deren Kraft abnimmt, die unter Beeinträchtigungen leiden und dennoch als Menschen mit eigener Identität und Würde zu sehen sind.

Dazu gehört konstitutiv eine »Korrektur« des modernen Menschen- und Selbstbildes, das unter dem Primat absoluter Autonomie steht und den gesunden Menschen als Norm begreift, den Kranken – wie den Alten – jedoch als den *anderen*.

Das fordern der Philosoph Gernot Böhme und die Soziologin Farideh Akashe-Böhme, und weisen darauf hin, dass es kaum einen Menschen im Erwachsenenalter gebe, der völlig frei von Krankheit sei.[36]

Als sinnvolles und realistisches Ziel erscheint dann nicht die völlige Freiheit von Krankheit, sondern vielmehr die Fähigkeit, mit Krankheit zu leben.

Hier wären also zwei Voraussetzungen genannt, um Altern, Krankheit und Vergänglichkeit neu zu verstehen.

Wie steht es mit Vorbildern für Alter und Pflegebedürftigkeit?

Ein eindrucksvolles Altersbild zeichnet Ehregott Andreas Christian Wasianski von seinem früheren Lehrer Immanuel Kant. In seinen letzten Lebensjahren hat er ihn betreut und bis zum Tod begleitet.

---

36 Farideh Akashe-Böhme und Gernot Böhme, Mit Krankheit leben. München 2005.

Auf beeindruckende Weise beobachtet und versteht er die Symptome einer fortschreitenden Demenz des verehrten Freundes und berichtet von seinem Bemühen, für eine angemessene Betreuung Kants zu sorgen.

Vorbild können seine Ausführungen schon darin sein, dass sie einfühlsam und voller Zuneigung und Respekt das Bild des Freundes und Philosophen zeichnen. Es ist ein anrührendes Porträt des alten Kant, keine Fall- oder Krankengeschichte: »Kant war und blieb der determinierte Mann, dessen schwacher Fuß oft, dessen starke Seele nie wankte.«[37]

Wasianski bekennt voller Zuneigung: »Mit jedem Tage nahm meine Anhänglichkeit an ihn zu. Welches empfindende Herz fühlt nicht das Ehrenvolle des Berufes, die Stütze eines ehrwürdigen Greises zu sein, der die Bürde des Alters so mutvoll und standhaft trug?« (a. a. O., S. 45)

Und auch über Autonomie und Souveränität lässt sich am Beispiel Kants lernen. Nach Wasianskis Beschreibung wählt Kant angesichts seiner fortschreitenden Beschwerden sehr bewusst den Freund aus, der zunächst finanzielle Angelegenheiten, schließlich aber alle Dinge des Alltags für ihn regeln soll, im Sinne einer weitgehenden Vollmacht.

Er notiert voller Respekt vor dem Charakter Kants: »Gab er einmal sein Wort, so war dieses bei seiner unerschütterlichen Festigkeit mehr wert als Eidschwüre anderer. Und diese Zuverlässigkeit hat es mir oft erleichtert, seinen Wünschen, deren Erfüllung Erkältung, Indigestion oder andere Nachteile für ihn zur Folge gehabt haben würde, eine andere Richtung zu seinem Vorteil zu geben. … Er hatte mir sein Versprechen gegeben: mir in nützlichen Dingen zu folgen und – er hielt's.«

In dieser vertrauensvollen Beziehung ist dafür gesorgt, dass er auch bei Fortschreiten der Krankheit und Verschlechterung des Gesamtzustandes Kants alles Notwendige veranlassen kann.

Die Freundschaft Wasianskis geht, wie seine Beschreibung der letzten Jahre Kants zeigt, über dessen Tod hinaus. Denn er möchte nicht, dass

---

37 Wasianski, Ehregott Andreas Christian, Zuhaus bei Kant. Berlin 2006.

nach seinem Tod Gerüchte verbreitet werden, die den großen Mann »verkleinlichen«. Sein Buch ist ein letzter Freundschaftsdienst.

Wie ein fernes Echo auf diese Freundschaft klingt Akashe-Böhmes und Böhmes Klage: »Ganz besonders gravierend wird das Defizit persönlicher Verbundenheit bei Kranken, die eigentlich nicht nur der Pflege, sondern der Lebensbegleitung bedürfen, also z. B. bei Alzheimer- und Parkinson-Kranken. Dies gilt vielleicht sogar für alle alten Menschen.«[38]

Gefragt sind Respekt, gegenseitige Fürsorge und freundschaftliche, zuverlässige Beziehungen.

Sie können Mut machen zum hohen Alter und uns zu Bildern verhelfen, die nicht abschrecken, sondern trösten.

Und gleichzeitig könnten diese Beziehungen den Vertrauen stiftenden und konstruktiven Rahmen bilden für die professionelle Altenpflege.

Sie müsste dann nicht länger an der unlösbaren Aufgabe scheitern, Altersleiden grundsätzlich zu verhindern, sondern könnte ihre Stärken darin zeigen, Leiden zu lindern und Pflegebedürftige und ihre Angehörigen zu unterstützen.

---

38 Farideh Akashe-Böhme und Gernot Böhme, Mit Krankheit leben. München 2005, S. 131.